JN307841

グローバリズムが世界を滅ぼす

エマニュエル・トッド　ハジュン・チャン
柴山桂太　中野剛志　藤井 聡　堀 茂樹

文春新書
974

はじめに

エリートの甚だしい劣化。

これこそが、現在の世界をとりまく危機的状況の根本原因について、我々五人が一致して到達した結論である。

藤井聡、柴山桂太、中野剛志の三人は、行動を共にすることが多い肝胆相照らす仲であるが、三人とも、エマニュエル・トッドとハジュン・チャンとは、いずれも今回の国際シンポジウム「グローバル資本主義を超えて」（二〇一三年一二月二日）が、初対面であった。しかし、我々は、トッドやチャンの著作に親しんでいたから、彼らの主義主張が我々と一致していることについては、十分承知していた。

トッドは、国際的に著名な歴史人口学者・家族人類学者であり、国や地域の家族形態や人口動態に着目するという独自の方法論を用いて、自由貿易やグローバリゼーションの虚妄を厳しく批判してきたことで知られている。また、ハジュン・チャンは、抽象的・数理的な理論よりも、歴史研究や実証分析を多用して、主流派経済学の虚妄を明らかにするとともに、新自由主義的な政策の誤りを適確に指摘したことで、国際的に高い名声を得ているケンブリッジ大学の開発経済学者である。

藤井、柴山、中野は、この二〇年間、新自由主義に抗し、グローバリゼーションによる破壊から国民経済を守るために必要な知的武装に励んできた。トッドやチャンの一連の著作は、そのための極めて強力な武器となった。それ以上に、フランスやイギリスにも見解を同じくする有識者が存在することに、我々は大いに勇気づけられてきた。言うまでもなく、日本においては、我々の主義は圧倒的に少数であり、我々の主張は絶望的に劣勢であったからだ。

例えば、私について言えば、一五年ほど前に初めて読んだトッドの『経済幻想』（原書：一九九八年刊、邦訳：藤原書店、一九九九年刊）に大きな影響を受けている。エディンバラ大学に留学して経済ナショナリズムの理論を構築していた時には、この『経済幻想』が研究の方向性を示す羅針盤となった。そして、同書の中でトッドが高く評価した一九世紀ドイツの政治経済学者フリードリヒ・リストの研究に取り組んだのである。

　また、留学も残りわずかとなった二〇〇二年の秋に、チャンの代表作『はしごを外せ』（原書：二〇〇二年刊、邦訳：日本評論社、二〇〇九年刊）が出版されたのを知った時には、大きな衝撃を受けたのを覚えている。なぜなら、「はしごを外せ」というのは、リストが経済自由主義の欺瞞を批判した際に用いた有名な台詞であるからだ。すでに気鋭の開発経済学者として名を馳せていたチャンが、リストを召喚していることを知った私は、自分の研究の方向性に意を強くする一方で、先を越されたかと、少々焦りを覚えたことをここで告白する。


　そして二〇一三年一二月、我々五人は、ついに京都において一堂に会することとなった。そして、公開のシンポジウムや座談会、さらには非公開の会合において、長時間にわたり語り合った。

　グローバリゼーションに対する危惧、自由貿易に対する懐疑、新自由主義に対する抗議、主流派経済学に対する軽蔑については、我々の間にほとんど見解の相違がなかった。その具体的な内容については、本書や各人の著作に譲るとして、ここでは、非公式の会合において交わされた興味深いやり取りについて、明かすこととしたい。

例えば、柴山がチャンにケンブリッジ大学の経済学界の雰囲気について尋ねると、チャンは「主流派経済学が圧倒的で、私などは、モヒカン族の最後の一人のようなものだ」と答えて、柴山を大いに落胆させた。トッドは、フランスのエリートの思考停止状態を口を極めて罵倒し、我々をいささか戸惑わせたが、私が日本の政官財学のエリートの実態を暴露すると、驚きとともに憐みの表情を浮かべた。アジア経済に詳しいチャンの方は、日本の官僚が新自由主義に染まってしまったことを承知していたが、藤井から日本のエリートの中には韓国経済をモデルにする者もいると聞いた時には、さすがに青ざめていた。

こうして、我々は、お互いに自国のエリートの愚劣ぶりを、まるで競うかのようにさんざん批判し合った挙句、エリートの劣化は全世界的に起きている現象なのだということに気付いた。そして、それがグローバル資本主義の問題の根本原因であるという見解で合意したのである。

どうやら、我々五人とも、それまでは、心のどこかで「ここまでひどくエリートが劣化したのは、自分の国だけだろう」と勝手に思い込んでいた節があったようなのだ。しかし、そうではないということは、世界はほぼ絶望的な状況にあるということである。そして我々は、世界のどこへ行っても疎外される運命にあるということになるはずである。

それにもかかわらず、トッドもチャンも実に明るい人物で、現状を憂えた知的かつ真剣な議論の最中でも、ユーモアを決して忘れなかった。いや、そういう会話の中だからこそ、ユーモアは引き立つ。そして、それが我々を絶望から救うのである。このことをわきまえたトッドやチャンは、まさに本当のエリートだった。私としては、トッドとチャンを通じて、真のエリートの真髄に触れることができたことこそが、最大の収穫であった。読者諸賢にも、本書からそのフレーバーを嗅ぎとっていただければ幸いである。

最後に、国際シンポジウム「グローバル資本主義を超えて」を主催した京都大学レジリエンス研究ユニット、後援の株式会社文藝春秋、公開対談「グローバリゼーションの危機」を主催した日仏会館の方々、そしてトッドの友人として通訳や司会の労をとって下さった慶應義塾大学教授の堀茂樹氏に感謝を述べたい。

二〇一四年五月

中野剛志

グローバリズムが世界を滅ぼす◎目次

第Ⅲ部　自由貿易とエリートの劣化

第Ⅰ部　グローバリズムが世界を滅ぼす

E・トッド＋H－J・チャン＋藤井聡＋柴山桂太＋中野剛志

藤井　今、世界の主要国は一様に経済的、政治的国難に直面しています。アメリカは二〇〇八年にリーマンショックを巻き起こし、世界経済を大混乱に陥れました。それを受けて、EUでは、ギリシャ、スペインなどが国家破綻寸前に追い込まれました。日本もまた長期デフレに悩まされ、格差は広がるばかりです。

これらの背景にあるのは、アメリカをはじめとする各国があらゆる規制を取り払う新自由主義を推進し、歯止めのないグローバル化を進めてきたことでしょう。

それにもかかわらず、今なお多くの政治家、官僚、経済学者たちは「グローバル化は不可避である」「グローバル化以外に成長の道はない」と唱え続け、グローバリズムの先には、バラ色の時代がくるかのように語っています。今、日本が直面しているTPP（環太平洋パートナーシップ協定）もそのひとつでしょう。

このグローバル資本主義、新自由主義は何故、くり返し危機をもたらすのか。そしてグローバル資本主義にかわる道はないのか。京都大学のシンポジウムに出席するため来日した世界的な人類学者・人口学者、エマニュエル・トッドさん、韓国出身の経済学者で英ケンブリッジ大学准教授のハジュン・チャンさんをお迎えして、論じ合いたいと思います。

まず、それぞれの現状分析をお聞かせください。

ユーロの失敗とアベノミクス

トッド　私は日本経済について、専門的な知識は持っておりませんが、はっきり言えることは、ヨーロッパに比較したとき、はるかに恵まれた状況にあるということです。

私が見る限り、アベノミクスで行われている通貨切り下げ政策は、長期不況に対し最初になすべき保護的政策で、国の経済を守る上で当然の措置だと考えます。そしてEUの悲劇は、この当たり前の政策、すなわち、国の実情に合致した独自の通貨政策を行えないことに起因するのです。

今、世界でグローバル資本主義が主張する完全な自由貿易、経済的国境の撤廃が最も進んでいる地域がEUであることは言うまでもないでしょう。圏内で関税をなくし、通貨を統合しました。したがってEUをみれば、グローバル化の帰結がわかるのです。

その結果、何が起きているのか。各国は通貨の切り下げなど金融緩和や財政出動もできない。独自の産業政策も不可能になりました。経済の自立を失い、国家主権さえ失っているような状況です。それは、完全な失敗であり、そのためにヨーロッパは死に瀕していますす。ユーロ導入は、フランスの政治指導者が行った歴史上最悪の誤りです。

ＥＵは本来、米英流のグローバリゼーションに対する城壁としての役割を期待されていました。それが皮肉にも、全く逆の方向に進んでしまったのです。そこで起きているのは、隣国同士でお互いをつぶし合う〝戦争〟です。

そこでの唯一の勝者はドイツです。ユーロ安によってドイツの輸出産業は大いに潤いました。ＥＵの他の国々、ことに経済危機に瀕した国々を低賃金で〝下請け〟のように使い、ユーロ圏がドイツにとって開かれた市場であることをフル活用しています。貿易収支も大きく黒字です。

それに対し、ドイツ以外の国々では経済、特に製造業などの産業が破壊されつつあります。通貨政策の自由を失い、しかも緊縮財政を強いられるなかで、手の打ちようのない状況です。

本来、ＥＵでもうひとつのリーダーであるはずのフランスも同様です。貿易収支はユーロに入ってから赤字に転じ、経済も停滞しています。フランスのオランド大統領は、まるでドイツの副首相のようになり、財務大臣もベルリンに直接お伺いを立てている有り様です。

勝者であるはずのドイツでも、社会的矛盾は深まっています。国内の格差が広がり、ヒエラルキーが非常に強い社会になって、低所得者層が増え、多くの国民は苦しい立場に置かれている。その端的なあらわれが、女性一人について一・四という、日本と並んで低い出生率です。

これが、ヨーロッパの現実なのです。

中野　確かに、日本の経済状況は、現時点では、アベノミクス一本目の矢である「大胆な金融緩和」、二本目の「機動的な財政出動」によって、円安と株高を実現しています。さらに、ドイツや中国などに比べれば、経済に内需の占める割合は高い。

とはいえ、油断はできません。アベノミクスでも三本目の矢「民間投資を喚起する成長戦略」などは、どうでしょうか。産業競争力会議の民間議員を務める、慶應義塾大学教授の竹中平蔵氏や楽天会長兼社長の三木谷浩史氏らが中心となって提案している雇用・農業・医療などの規制緩和は、手放しの新自由主義礼賛、グローバル化促進策ばかりです。

法人税減税で外資を呼び込もうという議論も出ていますが、日本は途上国と違って経常収支が黒字の国です。資本は潤沢にあるのですから、海外からわざわざ呼び込む必要などありません。

これらはいずれも「瑞穂の国には瑞穂の国にふさわしい市場主義の形があります」（『文

藝春秋』二〇一三年一月号）と語った安倍首相とは思えない政策です。せっかくの金融緩和や財政出動も台無しになりかねません。

柴山　日本で、行きすぎた規制緩和など新自由主義的な政策があると、これまでなら自民党内の「抵抗勢力」が歯止めになっていたところもありました。アメリカの年次改革要望書に書かれているような一方的な市場開放などの要求も、骨抜きにすることもできた。ところが、いまや自民党も改革政党になってしまって、大きな反発力が出てこないのも不安材料です。たとえば、ＴＰＰについても、自民党内で批判的な議論はあっても、結局押し進められているのが現状です。

ＩＭＦ改革後の韓国の惨状

藤井　チャンさんの母国・韓国は、日本に比べてグローバル化が一段と進んでいるように見えます。日本でＴＰＰを推進している経済産業省の官僚が、グローバル化について〝いい例が身近にある。ＩＭＦ（国際通貨基金）によって改革された韓国である〟とモデルに挙げるほどで、日本でも推進されている特区やＴＰＰも、韓国の後を追っているようにもみえます。

チャン　日本が、韓国をモデルにしているとは、ショックですね（笑）。なぜなら、IMF改革をはじめとする新自由主義政策は、韓国の経済と社会を激しく痛めつけたからです。

たしかに、エレクトロニクスの分野ではサムスンがソニーを打ち負かした。また、グローバル化した理念や、英語力などのスキルも、日本人より韓国人のほうが上かもしれない。しかし、それだけが現実ではありません。

そこで起きているのは、雇用の不安定化です。経済危機以降、雇用も自由市場を採用し、労働市場の柔軟性を高めるためにと、正規職から非正規職への置き換えが進んでいった。特に若年層の雇用が深刻で、失業率は七・五％（一五〜二九歳、二〇一三年一月）とされていますが、就職準備中の人は含まれず、実際は二〇％以上といわれるほどです。雇用の不安定化が急激に進められた結果なのです。

その結果、OECD（経済協力開発機構）内の調査では、一年間に自殺した人の数は、一〇万人あたり三〇人を超えている。これは、日本の約二〇人を大きく上回り、OECDで一番高い数字です。かつては一〇人程度でしたから、二〇年足らずで三倍にも跳ね上がったのです。

一方、出生率は世界一低いレベルです。一一年は一・二四と、日本の一・三九を下回っている。これは、福祉国家としての体制が整っておらず、女性も子供を育てながら仕事をするのが難しいからです。

韓国が変わり始めたのは八〇年代末からでした。六〇年代から八〇年代は、日本の経済モデルをお手本として、八〇年代末に軍事独裁が失われると同時に、「自由市場」が国家的なコンセンサスとなったのです。そして、「国による介入イコール独裁、もしくは抑圧」という意識が国民の間に生まれました。これは悲しい歴史的遺産です。

その風潮を強くしたのが、九〇年代に日本の経済が傾きはじめ、アメリカが復調したことです。そうなると、余計に「日本モデルは終わりだ」「アメリカのように自由な市場になるべきだ」という声が強まりました。

そこに、九七年のタイの混乱が韓国にも波及したアジア金融危機が起きたのです。韓国国内ではこれが、いきすぎた自由主義の政策によりもたらされた危機だという認識はほとんどありません。IMF管理下になってもなお、多くの論者は、むしろ「危機は過去の政策の介入のせいだ」として、雇用の自由化などいっそうの規制の撤廃を求めました。その後も、アメリカやヨーロッパと自由貿易協定を結ぶなど、自由市場に突き進んだ結果、韓国社会は、不幸な状態に陥ってしまったのです。

藤井　日本では意外に知られていない実態ですね。私の大学にも、韓国から留学生が来ますが、ＩＭＦ管理下になったアジア通貨危機の前後で、韓国社会が全く変わってしまったと語っていました。チャンさんがご指摘のように、ＩＭＦ以降は、普通の会社、普通の働き方、普通の所得がなくなってしまったのです。

重要なのは、ＩＭＦの提案を受けいれるという「たった一回」のグローバル資本主義、あるいは新自由主義に基づく改革が、一国の社会と経済を「根底から破壊」し得るのだということです。

「韓国を目指せ」と言う人は、自分のビジネスの為だけには都合がいいのかも知れませんが、国民はどうなるのか。韓国の悲惨な経験に学ぶべきです。

トッド　今のお話を聞くと、ドイツは韓国の高齢化版のように思える。社会のあり方は韓国ほどハードではないが、非常に似た問題を抱えています。

グローバリズムの「成長神話」

チャン　この韓国の悲劇的な状況に、さらに付け加えたいことがあります。それは、多くの弊害があるにもかかわらず、新自由主義的経済社会に転換して以降、経済成長率は大幅に鈍化していることです。

もしも改革によって結果的に「成長」したというのなら、それによる格差の拡大は、払うべき犠牲だと考えることもできるかも知れません。しかし、改革前の成長率が約六〜七％だったのに対し、改革後はおおむね二〜四％に落ちているのです。韓国のネオリベラリストたちは、「それは経済が成熟したからだ」というでしょうが、成長率は改革直後に「急激」に下がりました。経済の成熟化がたった一年で起こる筈がありませんから、そんな言い訳は全くナンセンスです。

さらにいえば、これは韓国だけの話ではありません。先進国全体の成長率は一九六〇年から八〇年の平均は三・二％だったのに対し、世界中が新自由主義の理念の下グローバル化した八〇年から二〇一〇年は一・八％と、半分近くにまで下落しているのです。

つまり、「グローバル資本主義によって経済は成長する」と信じられてきましたが、実際のデータを客観的に眺めてみれば、真実はまったく逆であって、「グローバリズムは成長を鈍化させる」のです。

ではなぜ、成長を追い求めるための新自由主義が、成長を鈍化させてしまうのでしょうか。

ひとつには、規制なき自由貿易を推進することで、経済が過度に複雑になって不安定になったことが考えられます。かつては一定のルールによって経済のあり方をある枠内にとどめ、安定化をはかってきた。その歯止めが失われ、不安定性がコストになってしまった。リーマンショックのような経済危機はその最たるものでしょう。

一方、企業には「短期的に成果を出せ」という圧力が掛かっている。この四半期、この一年で高い利益を出すことが求められると、五年後、一〇年後などという長いスパンの視点を持てないのです。

短期的な数字を追うために、設備投資、研修、リサーチといったことが疎かになる。そのため、長期的な成長に必要なはずの生産性の向上や、所得を伸ばすための長期的なコミットメントも生まれない。その結果、技術開発が進まず、所得も増えず、成長が鈍化してしまうことになるのです。目先のパイの奪い合いだけが激化し、パイ自体を大きくしようとしていないのです。

これまでグローバル資本主義を推し進める人々は、ビジネスに自由さえ与えれば富も雇用も創出され、最大限の成長があると信じてきたが、それは事実じゃなかった。

藤井　これは重要な指摘ですね。グローバリズムが世界の成長の足をひっぱっている。

チャン　今のグローバル経済は、国による規制を敵視していますが、実は、アメリカにしても日本にしても「国による産業保護」という規制が成長を生んだのです。日本をみても、五〇年代、六〇年代に市場が守られていたからこそ、今の日本の自動車産業の発展があるのですが、残念ながら、南アフリカ、ブラジル、コロンビアといった今の途上国ではそのような保護的な産業政策を取れなくなっている。まだ十分に成長し切れていない中で、WTO（世界貿易機関）、TPPなどによって、規制緩和の圧力がはたらき、グローバル化が強制されているからです。実際、途上国全体の成長率は、六〇〜八〇年が三・〇％だったのに対し、八〇〜二〇一〇年は二・七％です。ラテンアメリカに至っては、同三・一％から同〇・八％と四分の一まで下落しています。

ガバナンスなき世界の行方

柴山　今、グローバル化は歴史の必然であって、不可避なもののように考えられています。リーマンショックほどの危機が起きても、「これは一時の混乱で、いずれグローバル化の正常な軌道に戻る」と言われています。しかし、歴史的にみても、これは大きな間違いなのです。

これまでにも、世界経済がグローバル化した時期がありました。古くは一三世紀の元、一五～一六世紀の大航海時代も強力な覇権国のもと、世界全体がひとつの市場として繋がっていたのです。そして、元やスペインといった強国が衰えると、また「脱グローバル化」していった。

近代では、一八七〇年から一九一四年、第一次世界大戦前はまさにグローバリズムの時代だった。これを近代における「第一次グローバル化」と呼んでみましょう。パクス・ブリタニカと呼ばれたイギリスを中心とした時代で、ロンドンの住人は、紅茶を飲みながら、電話で全世界のさまざまな産物を注文することができ、自分の富を世界の天然資源や新事業に投資することができた。その「第一次」グローバル化は二〇世紀前半に戦争と恐慌によって終わりました。

それにつづくのは、いわゆるブレトンウッズ体制という「脱グローバリズム」の時代でした。グローバル化は、ある歴史的な一局面に過ぎず、不可避でもないし、ましてやその終焉が破滅を意味するわけでも何でもないのです。

チャン　確かに、五〇年代から七〇年代は韓国に限らず振り返っても、すべての国は今よりもずっと多くの規制を持っていたし、税金も高かった。ビジネス上の制約も多かったはずです。国境を越えるお金やモノの流れ、それに投資にもコントロールが強かった。それでも、当時のほうが成長率が二桁のときもあるなど高かったのです。

柴山　グローバル化の矛盾点として見落とされがちな点がもう一つあります。資本主義は、国家という枠内で市場とガバナンス（統治）を発展させてきました。市場は、国などのルールによってしっかりと統治されて初めて機能するのです。

藤井　道路にたとえるなら、車線があって信号があるから自動車は効率的に走れる。ところが、「規制」は邪魔だ、もっと自由に走らせろと言い出して車線や信号を無くせば、道路上はメチャクチャになって、道路の効率性は著しく悪化する。自由化による成長鈍化はこれと同じです。しかも、規制を無くしていけば、リーマンショックのような「事故」も増える。つまり、適切な規制は絶対必要なんですよ。では、経済で車線を引いているのはだれかといえば、市場ではなく、政府ですよね。

柴山　しかし、国によるルールの違いを取り払おうとするグローバル世界では、原理的に統治がほとんど存在しない。あっても、極めて弱い。本来ならば、グローバルな市場は、グローバルな統治を必要とするのですが、現状はまったく逆に進んでいる。

中野　そもそもグローバル化は、覇権国家が世界の安全を保障しないと成り立たないものです。「第一次」グローバル化の時はイギリスが、「第二次」はアメリカが、その役割を果たしてきた。しかし、いまアメリカの国力が後退しはじめている。日本周辺で、中国との尖閣問題、韓国との竹島問題など領土を巡る紛争が急に激化したのも、ナショナリズムだけでなく、アメリカの後退が大きい。ですから、アメリカという覇権国家が弱まっていけば、グローバル化は終わることになる。

柴山　「第一次」と「第二次」では大きな違いもあります。政治的にも経済的にもまだ不安定な要素の多かった「第一次」に比べ、現代の先進国はすでに豊かな蓄積を持っており、福祉国家の仕組みもあって、社会システムが極めて頑丈になっている。それに社会が高齢化していることも大きな違いです。「第一次」の時代は、若者が多く、ロマンティシズムをもって、社会を変えようという動きがあった。それが激しい変革運動として噴出することも多かった。

トッド　私が、二〇世紀初頭までのグローバリゼーションの時代と今日が、著しく異なると思うのは、教育の効果です。一九一四年以前、例えばフランスでは、ほとんどの人が初等教育をようやく終えることができる段階だった。今日は教育水準が上がって、識字率は言うまでもなく、社会的な知識も上がっている。自分でものを考えるという能力もアップしている。人格的な意識レベル、個人としての成熟度は高い。

柴山　ただ国の対立や経済の混乱は深まっています。大事なのは、いま進行中の「第二次」グローバル化が終わるときに、「第一次」の時のように、戦争と恐慌というハード・ランディングで終えるのではなく、知恵を絞って、なんとかソフト・ランディングさせることでしょう。

「二つのアメリカ」

トッド　アメリカに関して言うなら、私は今、オバマ大統領の二期目が、「新たな出発」になるかも知れないと感じています。

例えば、社会保険を重視するというように内政に対する関心が深まっている。また、対外的には、イランに対するアメリカの態度が変化しているように、世界の多様性に対する寛容な態度が現れてきている。大きな社会格差、それに対する無関心などネガティブな側面も残っていますが、アメリカ社会が変わっていく可能性はあるように思います。

そもそも、グローバル資本主義は、アングロ・サクソンの世界が生み出したものですが、いわゆるネオリベラルな時期と、国家による規制が強く行われていた時期とが交互に入れ替わってきたのが、イギリスとアメリカの歴史なのです。今度は、国家介入の方向へ転じるかも知れないと考えています。

チャン　確かに、外交政策について前向きな兆候もありましたが、オバマがどこまで実行できるか疑問なところもあります。「医療保険改革法（オバマケア）」の扱いで揉めた債務上限引き上げをめぐる混乱を見ていても、米国政府はもはや機能停止の状態ではないですか。

一方で、アメリカは自由貿易を盾に、法律を使って金融面で利益を奪おうとし、他国に産業政策の縮小を求めています。競争に勝つため、弁護士を雇って他国の経済を破壊しているのです。現に、アメリカとＮＡＦＴＡ（北米自由貿易協定）を結んだメキシコやカナダの政府は、「規制のせいで利益が下がった」との理由で米国企業から訴えられ、賠償金を払っています。

ところが、そのアメリカが、実は世界で最も強力な産業政策を行っているのです。インターネットにせよ、半導体にせよ、航空機にせよ、研究開発を支援したのは国防総省や軍などの政府機関です。ＮＩＨ（アメリカ国立衛生研究所）はアメリカの医薬品開発の三〇%を担当しています。〝アメリカには産業政策はない〟とアメリカ人が言うなら、それはジョークに過ぎません。

アメリカは「言う」ことと「やる」ことが違います。韓国も日本も、アメリカの言うことには気を付けないといけません。

トッド　アメリカの産業政策などについては、チャンさんと同じ意見ですが、アメリカの予算についての争いから私が引き出したのは、チャンさんとは反対の仮説です。

確かに機能不全を表しているともいえますが、これは「二つのアメリカ」の対立の始まりだったかもしれません。

一方は社会的なもの、国家的なものに反対する、いわばティーパーティー的な文化です。しかし、考えてみれば、ティーパーティーは年齢層の高い人々の勢力です。これから退場していく世代なのです。

それに対して、まだ仮説にすぎませんが、オバマケアなどの動きは、新たなアメリカの可能性を示唆しています。健康にも気を使い、政治的にもリベラルで、経済にも規制を持ち込む文化です。確信があるわけではありませんが、異質な者に対してより寛容で、オープンで、不平等に対して敵対的で警戒的な「もう一つのアメリカ」の再発現もありうるのではないでしょうか。

ですから、自由貿易は断固として拒否すべきですが、アメリカと自由貿易をイコールで繋いで考えない方がいい。

アメリカは今なお、自由世界のリーダーで、世界の均衡のためにアメリカの重みは必要です。ここでの日本の選択肢として自由貿易は拒否しながらも安全保障上の同盟関係は堅持する道がある。これはフランスも同様です。

ニヒリズムとグローバリズム

中野　これまで見てきたように、グローバル資本主義・新自由主義は、社会格差を広げ、社会のあり方を崩壊させ、国家の自律性も失わせ、経済成長すらも実現しない。しかも、絶えず危機が続く。しかし、これほど問題だらけで、理論的にも空疎なしろものを、アメリカ、ヨーロッパ、そして、日本のエリートたちも支持し続けています。なぜだと思われますか。
トッド　いま国家の中枢の人々の間では、たしかに新自由主義的政策、新自由主義的なものの見方が支配的だと思いますが、彼らは二種類に分類できます。一つは、本当に自由貿易・市場至上主義を信じている人々。国家のかなり上の方に多く、フランスにもたくさんいます。彼らは愚かにも、新自由主義こそ人々を豊かにする唯一不可避の選択だと信じ、それを実行しようとしている。

ところが、もうひとつ別のタイプがある。これは、世界的経済学者だったジョン・ガルブレイスの息子、ジェームズ・ガルブレイスの著書に強い示唆を受けたものですが、「偽善者」と呼ぶべき人々です。新自由主義を信じているようにみせて、実はそんな考えはにもない。特定の企業や組織の利益を図るために、国家のさまざまな機構を用いる人たちです。

中野　つまり自由経済、競争社会を唱えながら、実は国家を隠れ蓑にして、自己の利益を追求している人々ですね。日本でも、内閣の会議の民間議員でありながら、自分の企業の利益に繋がらないとすぐ辞職をほのめかす人もいる（笑）。

藤井　また、グローバル資本主義は、倫理の問題として捉えることもできるのではないでしょうか。人間の欲望を放置するととんでもないことになる。それを調整し、ルールによって線引きするのが倫理です。ところが、グローバル資本主義はそのルールを排し、欲望そのものを基準にしようとする。無法地帯になるのも当たり前です。

要するに、グローバル化がこれほどまで進んだ背景には、ニヒリズム（虚無主義）の広がりがあるのです。ニヒリズムが、エリートを含む世界中の人々の欲望を解き放ち、固有のルールで守られてきた各地の伝統文化を破壊してきた。その破壊がますます人々の精神を空虚にしている。つまり、ニヒリズムの思想と現実社会の破壊との間の、お互いを強化し合う巨大なサーキュレーション（循環）が世界規模で起こっているのではないかと思います。

チャン　エコノミストが典型ですが、人々の考え方が狭くなった。マネーの力が非常に強くなって、すべてを定量化、数値化しようとする圧力を生んでいるのです。大学の教育でも、人類学や文学などの研究には予算が付かず、どんどん衰退していく。お金を生まないからです。

エリートは、あまりに技術的な、飽き飽きするような議論に終始しています。そのため、一般の人々も価値や倫理への関心を失う。例えばＴＰＰは単純な関税の問題ではない。〝善良なる社会のビジョンはなにか〟といった視点で扱う必要があるのです。

中野　私が強く感じるのは、官僚や学者など政策決定に関わるエリートの「臆病さ」です。一〇年前に留学していた当時、印象的だったのは、同じ時期に留学していた官僚の同僚の反応でした。彼は「新古典派経済学の言語で話さないと、エリートとは会話してもらえないと留学で学んだ」と得意そうに言っていた。「グローバル化を批判する動きも確かにあるけど、そんなのはエリートから非現実的だと笑われるだけだ」とも言っていた。

ともかく、国内外を問わず、自称「エリート」たちが、ある種限られたコミュニティの中で「アメリカではこうだ」「欧州でもネオリベラルが主流だ」「グローバル化しないのは負け組だ」と、お互いに確認し合っている。これは反面、コミュニティから疎外されることを怖がる「臆病さ」でもあります。

トッド　今いわれているような「エリート」たちの現状を、人類学的な知見でみると、これまでは、宗教、国家、政党など、さまざまな社会集団があり、それぞれの集団的イデオロギーが存在した。それらが消失して、個人がバラバラになっている状況が関係しているかもしれません。個人が極めて内向きになり、健康、容姿、学歴など、自分のことばかりを心配するようになってきています。つまり、ナルシスト化しています。

それぞれ一人ぼっちで孤立した状態にあると、人間の持っている卑小さ、傷つきやすさにさらされます。その結果、趣味が同じなどという、小さなグループを作って閉じこもる。エリートも小さなグループに閉じこもり、安心したいのではないかと思うのです。

結局、自分よりも大きなもの、偉大なものに対して自分を開いていくという態度を失っているわけです。だから、私が言いたいのは「勇気を持て」ということです。

エリートの「大劣化」

中野　私は最近、彼らエリートたちは、実は新自由主義が正しいと積極的に信じているのではなく、単になすべき統治を放棄しているだけではないか、と考えるようになりました。つまり、エリート層の統治能力が著しく劣化し、何の手立ても打てなくなっている。その無為無策を新自由主義の「自由放任」という理論で正当化しているだけではないかと思うのです。グローバリゼーションとは、単なるエリートの「大劣化」なのではないでしょうか。

トッド　「大劣化」とは面白い概念ですね（笑）。

藤井　彼らは自分たちも本当は信じていない下らないもの＝新自由主義で、世界を支配しようとしている。この不自然な状態を考えるのに参考になるのが、ドイツ出身の政治哲学者ハンナ・アレントの『全体主義の起原』です。

彼女は全体主義というものを、単なる思想ではなく運動や社会現象として捉えます。そして全体主義下では、思想・理論の合理性は一切問われない。一方で、さまざまな「社会的な俗情」に基づいてご都合主義的に思想・論理が選定されるという実態を指摘します。これは、奇しくもグローバリズムとそれを担ぐエリートたちにそのまま当てはまる。彼らは複雑で多様な世界を、きわめて単純化し、分かりやすくまとめ上げる思想・理論・物語を「ウソ」でも良いから望み、それを信じる（ということにする）。そしてグローバリズムを担ぐエリートたちが選定した「ウソの論理」こそが、恐ろしく単純な新自由主義、市場原理主義というものなのです。

チャン　「第一次」と「第二次」のグローバル化の違いは、グローバル文化が現在はあまりにも均一化していることではないでしょうか。いまは、アングロ・アメリカ一色です。「第一次」の時は、三つの文化パラダイムがありました。一つはイギリス、二つ目はアメリカです。当時のアメリカ人はドイツに多く留学していて、米独は関係が近かった。さらに三つ目はフランスです。そういう意味では、いまこそ均一な文化ゆえにリスクが大きいですね。

トッド　しかし、一方で私は、グローバリゼーションが進んでも、世界が画一化される、同質性が極端に高まるという心配はしていないのです。最近、エルヴェ・ル・ブラという人口学者と『フランスの謎』（邦訳『不均衡という病』藤原書店）という本を出したのですが、フランスという言語的・政治的・法的に統一された国でも、英国に近いブルターニュ半島と、地中海に近いプロヴァンス地方では、社会風俗も宗教的な文化も全く異なります。フランスとドイツの違い、フランスとイタリアの違いと同じくらいの差があります。

また、出生率というのは生活のさまざまな要素を総合した重要な数字ですが、先進国間でも大きな差がある。やはりまったく同質化していないわけです。

柴山　同感です。だからこそ、経済や社会の問題に対する対応は違うべきなのです。出生率にしても、トッドさんが研究されているように、各地域の家族の形や社会生活のあり方によって変わってくる。グローバリズムの問題点は、まさにそこに単一の処方箋を機械的に当てはめようということにあると考えます。

中野　たしかに、出生率や人口の面では多様でしょうが、グローバリズムのイデオロギーという観念のレベルでは画一化している。頭は画一なのに下半身は多様（笑）。この状態で何が起きるのでしょうか。

エリートたちがいくらネオリベラリズムを信じたふりをしてグローバル化を進めても、違いは必ず残ります。日本であれば、どんなに頑張っても永遠に「日本的なもの」がどこかに残る。したがって、それを全部潰すまでは彼らの運動は終わらない。しかも、もともとグローバルスタンダードなるものは、それこそエコノミック・イリュージョン（経済幻想）なので、存在しない。そんな〝逃げ水〟を追いかけているからグローバル化は終わらないという可能性があります。

とすれば、グローバル化の問題はエリートの精神の問題でもある。頭と下半身で別々のことを考える統合失調、あるいは、いつまでもグローバルスタンダードを目指して走り続けるオブセッション（強迫観念）ですね。だから、世界を救うのは経済学者や人口学者でなく、たぶんサイコセラピストだと思うのです（笑）。

中国とインドの未来

藤井　では最後に、今後、世界経済はどうなるのか。そして日本はどのような方向を目指せばいいのかを論じたいと思います。

柴山　グローバル資本主義のトップランナーだったアメリカがリーマンショックで躓き、EUも行き詰まりを見せるなか、世界経済の新たな旗手であるかのように持ち上げられているのが中国ですね。

ところが、その中国の先行きは本当に明るいのか。リーマンショックへの対応として中国は、財政拡張を続けてきましたが、その結果、不動産バブルを加速させてしまった。さらに、金融セクターでは不良債権への不安に加え「影の銀行」の問題もあります。深刻な所得格差、社会の歪みなど、問題はまさに山積している。

トッド　私は、いま、世界には、二つの未知の巨大リスクを抱える地域があると思います。一つはドイツに支配されたヨーロッパ。もう一つが、この中国です。中国については、人口学者、人類学者の私としても、将来は暗いと言わざるを得ません。

まず、高齢化の問題です。六五歳以上の比率は、現在九・四％なのが、国連の推計では二〇三五年には一九・五％まで上昇します。日本などの先進国と違って、中国は、国民みんなが豊かになる前に、高齢化が始まってしまうのです。中国の人口規模では、外から移民を入れてもまったく不均衡の解消につながりません。つまり手の打ちようがないのです。

それから直観的に言えば、中国の経済は奇妙な状態にある。というのも、住宅や設備など固定資産投資がＧＤＰの四〇％から五〇％にも達しています。これは、急速な工業化を目指した過剰な投資が、実際には、無駄な生産設備を増やすだけに終わったスターリン時代のソ連経済を髣髴とさせます。

さらに、人類学的には、中国の家族類型は「共同体家族」というカテゴリーに属します。父親が偉くて、兄弟はみな平等というこの家族形態は、ロシア、イタリア、旧ユーゴスラビア、ベトナム、キューバなどに共通するのですが、興味深いのは、共産党が政権を取った地域と重なり合うことです。つまり権威として支配する権力者と、その他の人々の平等主義という組み合わせは、共産党支配と強い親和性を持っていた。しかし、今の中国には開放の名の下に大きな経済格差と不平等が蔓延している。私は中国社会の本来のありようとして、この矛盾は、とても耐えられないのではないかと考えます。

チャン　同感です。いまの中国の所得分配をさまざまな数字で見ますと、社会格差がアメリカと同じくらい大きい。問題は、中国で急速にその格差が拡大した、ということです。アメリカは三〇年前にも、すでに社会格差がありました。一方で三〇年前の中国は、ほとんどみんなが貧しく、ある意味で平等でした。みんな人民服を着て、自転車に乗り、粗末な野菜を食べて生きていたのが、いまではホームレスがいる一方で、豪華なホワイトハウスのレプリカを作って住んでいる人までいる。この格差をどうやって封じ込めるかは、大きなチャレンジです。中国のリーダーはその問題を理解はしているものの、行動はスピード感を欠きます。私はいつか爆発するのではないかと、懸念しています。

当然、民衆もそれを黙って眺めているわけではありません。報告されているだけでも、中国で毎年二〇万件の騒動が起きています。工場や会社のストライキ、地方での暴動、政府や地方の官僚が襲われる事態なども起きています。

中野　中国は、グローバル化の勝者のように扱われていますが、実は中国こそグローバル資本主義の最大の犠牲者なんですね。中国は賃金を抑制し、バブルで沸く欧米市場に向けて輸出を拡大することで急激な経済成長を遂げました。ところが、リーマンショックでアメリカという巨大市場を失うと、中国は成長を持続させることができなくなった。しかし、外需依存度は依然として高く、国内需要の基盤が脆弱なままですから、中国は、経済的にも社会的にも、相当、困難な状況に直面するのは間違いない。

トッド　教育水準でみても、中国は、西欧先進国でいえば、一九一四年以前の、やっと初等教育ができるようになった状態です。

藤井　とても世界をリードするような国ではありませんね。

柴山　中国がいま「プレ一九一四年」の時代であるならば、今の先進国が、その時代に経験したことを、反復する可能性もありますね。今、中国は領土問題などで国際秩序の再編を狙ってもいる。この危険な「反復」には十分警戒する必要があります。

チャン　私は、中国よりインドがもっと危ないように思います。中国の指導者が社会の問題に気付きながら対応が遅れているのに対し、インドの首脳陣は問題に気付いていない。統計上の数字では、インドの社会格差はそれほど大きなものではありませんが、絶対貧困は人口の四〇％にものぼります。インフラも経済成長について行けず、労働力の質も中国よりもさらに低いとされ、経済も減速し始めています。

特にインドの東側は、六〇年代後半から武力革命を目指すナクサライト闘争を抱えていた地域です。毛沢東主義の共産党が主導し、八〇年代には壊滅したと言われていましたが、いま再び沸騰しつつあります。

アラブで起きた革命の場合、トッドさんのような例外を除けば、ほとんど誰も予測できませんでした。それでも政変は起った。中国やインドは、誰の目にも明らかなほど、いまにも爆発しそうなのです。

日本の真の問題は出生率低下

中野　では、日本はどうでしょうか。グローバル化が言われ始めた九〇年代、私は経済ナショナリズムという考え方を研究していましたが、その頃、トッドさんの『経済幻想』

が日本で刊行されて、大変触発されました。その日本語版の序文にはこうあります。
「日本は、人類学上の理由から、アングロサクソン・モデルとはきわめて異なった資本主義の調整されたモデルを示している。主義主張の面では、現在、沈黙を守っている日本は、アングロサクソン世界への対抗軸を代表しうるし、すべきであろう。（略）世界需要の構造的な不足、西欧教育システムの自己崩壊、先進国の人口減少という現状にあって、フランスやヨーロッパにとっては、日本がイデオロギー面でもっと積極的になることが必要なのである。もっと自信をもち、アングロサクソンの超自由主義にもっと批判的であることが」

私は、この序文に勇気づけられ、日本の経済官僚としてそれをやろうと思ったがために、その後の人生が狂いました（笑）。いまの日本経済についてはどうみていますか。

トッド　日本経済は、日本国内で議論されているよりも、外から見れば、かなり健全ではないでしょうか。冒頭でも述べたように、私はアベノミクスには肯定的で、日本の為になると思います。実は海外でも、中道左派の考え方の人は、これを肯定すると思います。国際的にみれば、円安政策は階層を問わず所得が落ちて、それを連帯して支えるという政策ですから、左派的な政策といえるからです。一方、ドイツは緊縮財政を取っていますが、これは国家の介入を控える右派的政策です。皮肉なのは、今、ドイツの与党の一員は、社会主義労働者党を前身とする社会民主党であり、日本のリベラルな経済政策は、保守政党である自民党によって行われていることです。

また、今の日本は単なる富裕国ではなく、科学技術などで世界をリードする先進国の一つです。たとえば、日本の特許は世界の二〜三割を占めています。

現在の中国のようにキャッチアップする国は、当然高い成長率になります。一方で、世界の最前線に位置する国は必然的に成長率は下がります。というのも、未知の技術を開発し、世界にこれまで存在しなかった何かをもたらす国は、それだけ失敗のリスクもあり、全く無駄なものを開発することもあるからです。そうなると、どうしても、一・五%から二・五%程度の成長率になるのです。日本がこのレベルの成長率に落ちた時期こそ、まさに日本が世界の最先端に立った時期と重なるはずです。

藤井　家族制度の専門家であるトッドさんにうかがいたいのですが、今、日本では従来の家族制度が崩れつつあるという危機感が広がっています。未婚の人が増えて出生率が下がり、老人の孤独死が問題になっている。安倍政権でも家族の復活がうたわれているほどです。

トッド　たしかに低い出生率は日本の抱える真の問題だと思います。しかし、その原因は家族制度の崩壊ではなく、むしろ「家族」をあまりに重々しく考えているからではないでしょうか。

家族類型の分析でみると、日本は、韓国、それにドイツと同じ「直系家族」と呼ばれるタイプに属しています。親が子供に対して権威的で親子の同居率が高く、資産の世代間継承を重視し、子供の教育に対して熱心であることなどが特徴です。

この家族観が出生率低下の原因の一つになっています。逆説的なことですが、家族の重視が家族を破壊している。つまり、家族を重視し、その形や在り方にこだわるあまり、家族の形成を難しくしているのです。出生率の低い韓国やドイツも同様です。

一方、フランスで出生率が高いのは、家族をもっと気楽にとらえているからでしょう。離婚、片親による子育て、婚外子も特別なことではなく、フランスの出生数のうち婚外子は五五%を占めます。また子供は、二歳から公立の無料の保育学校に行かせることができ、仕事と子育ての両立が容易です。つまり幼児教育への国家の介入が、高い出生率をもたらしている。経済の見通しが暗いにもかかわらず、それと裏腹に、社会は驚くほど生き生きとしています。

藤井　日本はまだ、ＴＰＰも妥結していませんし、アメリカやヨーロッパのようには、自由貿易にも飲み込まれていない。世界でもいち早く高齢化社会を迎えているものの、トッドさんが言うように技術力をはじめ、低成長でも潜在力を秘めている。つまり、日本はこれから、さらにグローバル化を推し進めることができる余地を膨大に持っていると同時に、グローバル化せずにこれまで日本が培ってきた様々なものを大切にしつつ、国民の力で経済のみならず社会的にも文化的にもさらに成長していく潜在力を大きく秘めているとも言える。だとすると、いま日本が置かれている立場は、世界の未来を決める実験場のようなものなのかもしれませんね。

第Ⅱ部　グローバル資本主義を超えて

トータリズム（全体主義）としてのグローバリズム

藤井聡

「グローバル資本主義を超えて」。このようにいう場合、超える対象であるグローバル資本主義がどんなものか、しっかり理解することが必要なのは論を俟ちません。

それはいったい何なのか。ここでは暫定的に、「国境の意義を低下させた上で展開する資本主義」と捉えておきます。グローバル資本主義は世界でグローバルワイドに展開するのですが、そのときに国境を無視する傾向が強いのです。

なお、予め重要な概念の区別をしておくと、グローバリズムは国境を前提にしないものであって、国境が存在することを前提とした上で、異なる国家同士の交流を図ろうとするインターナショナリズム（国際主義）とは真逆の概念です。両者は、一見似ているように思われることがありますが、まったく異なる概念なのです。

デフレを招くグローバル資本主義

まず、グローバル資本主義が展開するとどんな世界になっていくのか、簡単に述べます。一点目として、経済が不安定化します。金融経済において急激なマネーの集中と散逸が起こるのです。国境の壁があれば、お金の流れは一定程度、制限され、あまり動きませんが、国境が低くなるとあちこちに行ったり来たりします。グローバルマネーが暴れ出すと、「おいしい投資先」に世界中からお金が集まり、バブルが膨らんでいくのです。

ところが、そこで何か問題が起こったり、よそに「おいしい投資先」が出てきたりすると、お金はすぐに移動します。どこかに飛んでいってバブルが崩壊するわけです。たとえばアジア通貨危機は、そのようなグローバルキャピタリズムの一つの必然的帰結です。また、現在（二〇一三年一二月）、日本国内で株価が上がっていますが、その大きな理由はグローバルマネーが集中した結果だと言うこともできます。

さらに、グローバル資本主義の進展は実体経済にも大きな影響を及ぼします。物やサービスを売り買いする企業が国境を越えて行き来すれば、大企業が勝ち残って中小企業が潰れていく傾向が生まれます。グローバル企業がどんどん強くなるわけです。そうなると、生産量が増え、供給力が上がっていきます。

一方で、人間は一日に三食、せいぜい四食しか食べられません。需要は一定程度しか増えないのです。ところが供給は一〇食、二〇食と増えていく。このようにグローバル資本主義が展開していくと、需要と供給の差が大きくなり、慢性的なデフレになります。デフレになるということは、所得が下がり、雇用が失われ、失業率が上がるということです。しばしば「底辺への競争」といわれますが、そのような意味でも経済は不安定化するのです。

二点目として、格差が固定化します。グローバル経済の進展につれ、大企業と中小企業の格差、グローバル企業と地域企業の格差が拡大します。グローバル企業の内部でも、資本家と労働者の格差がどんどん広がっていく。

国家間の格差も拡大し、固定化が進みます。たとえばアフリカの貧困が深まり、さらに世界中に貧困が広がっていく。これはグローバルキャピタリズムの必然の帰結であるといえるわけです。

危機のグローバル化

経済が不安定化し格差が拡大するとともに、危機そのものもグローバル化します。グローバル資本主義のもとでは、世界各国がいろいろなリンクでつながるので、ある国で作ったものが別の国にすぐ輸出でき、情報もすぐに共有できる。これは要するに、危機が発生すれば、それもたやすく他の国に輸出されるということです。逆にいえば、危機が外国で起こると簡単に輸入されてしまう。したがって、リーマンショックが起こったとき、世界中が共倒れになったわけです。

さらに、グローバルな資本主義化、自由主義化の帰結を、地域的な領域ではなく分野的な領域で考えてみましょう。自由化をとことん進めると、「カネがものを言う世界」がグローバルワイドに広がります。お金で片を付ける風潮が蔓延し、お金に換算できないものは見捨てられていく。

たとえばセキュリティは、お金ではなかなか十分には取引できない。極端な例で言えば、「戦争」はマーケットでは扱えない。資本主義がどんどん膨らんでいくと、安全保障はだんだん無視されていく。また、マーケットは短期的な情報は織り込みますが、長期的な合理性については軽視され、最終的に無視される。長期的な合理性が低下すると、社会そのものが脆弱化します。わずかな危機、たとえば一つの企業の倒産で、社会が大きなダメージを受けてしまうのです。

そして、お金で何もかも片を付けようとする社会では、民主主義の力が弱まります。国家の価値、家族の価値が溶けていき、文化や伝統、美徳や倫理が蒸発していくのです。結果として文明の低俗化が進んでいくのは物の道理です。

このように、グローバル資本主義が世界中で進めば進むほど、経済は不安定化し、格差は拡大し、貧困は固定化し、危機はグローバル化し、民主主義が脅かされ、そして金銭以外のさまざまな価値があらかた洗い流されていく。

と考えると、人類の福祉に対し、メリットもあるかもしれませんが、同時に極めて大きなデメリットをもたらす、それがグローバル資本主義であるといえるでしょう。

全体主義とは何か

では、なぜかくも悪い帰結をもたらすグローバル資本主義がこれほどまで進展してきたのか。このことを考えるにあたり、「全体主義」というコンセプトがとても便利です。

全体主義の概念は、ナチスドイツの現象、ヒトラーの振る舞いを理解するにあたって、さまざまに活用されてきました。私が特にここで注目したいのが、ユダヤ系ドイツ人の政治哲学者、ハンナ・アレント（一九〇六〜一九七五年）が書いた『全体主義の起原』です。彼女のこの本は、全体主義を論じるものとして世界で最も受け入れられているものの一つです。

私は以前から、社会現象としてのグローバル資本主義を、経済学の理論だけによらずに、できる限り広い視野から捉えたいという欲求をもっていました。そのためには全体主義の議論、なかでもアレントの議論が極めて有用ではないかと思ったわけです。

ちなみに、『ハンナ・アーレント』という映画（ドイツほか、二〇一二年）が日本でも封切られ、かなりの評判のようです。それを知った時、もしかして潜在意識の中では私と全く同じことを考えている人が少なからず、今、世界中にいるのではないかと思いました。

さて、そんなふうにして今、世界中から注目を集めているアレントの議論に基づいて、グローバリズムについての解釈を進めていきます。

まず、全体主義（Totalitarianism）とは何でしょうか。事典（『改訂新版　世界大百科事典』）にはこう書かれています。「個に対する全体の優位を徹底的に追求しようとする思想・運動・体制」であると。イメージとして一番わかりやすいのはナチスドイツの「ハイル・ヒトラー！」と叫ぶような、あの運動体です。あるいはイタリアのファシズム、そしてソビエトのスターリニズムも、さまざまな論者によって全体主義の脈絡で解釈されています。

普通、イズムとは「こうあるべきだ」という考え方を指すものです。いわゆる「べき論」です。しかし全体主義のイズムは、もっと広い意味で、政治体制のあり方から社会現象の傾向までも含みます。これが全体主義のイズムの特殊なところです。

全体主義は、その中身のイデオロギーは問いません。とにかく全体が余すところなく同じ思想であればよいのです。そして、同じ体制のもと、同じ方向の運動が展開される。したがって、全体主義が広まれば広まるほど、政治体制のみならず人々の頭の中の思想までもが必然的に同一化していくという恐ろしい結果になるのです。

このような全体主義を、社会科学者たちは非常に興味深い政治社会現象として扱いました。たとえばエミール・レーデラーの『大衆の国家』(一九四〇年)、シグマンド・ノイマンの『大衆国家と独裁』(一九四二年)、そしてハンナ・アレントの『全体主義の起原』(一九五一年)などが、相次いで書かれたのです。

俗情に支えられる全体主義

以上が全体主義と呼ばれるものの一般的な定義ですが、では、ハンナ・アレントが論じた全体主義の特徴はどのようなものでしょうか。

一つ目は、繰り返しになりますが、単なる思想ではなく、それに基づく運動・体制・社会現象を含意するということです。

二つ目の特徴は極めて重要です。これもすでに述べましたが、思想の内容は何でもいいということです。どうでも構わない。どんなものでも任意に選ばれる。ただ、任意であるとはいいながら、実はそこには基準があります。それは何かといえば、嫉妬、貪欲、恐怖心などという、いわば「社会的な俗情」です。理論的な、宗教的な、あるいは思想哲学的な観点からは任意ですが、この俗情の観点からは任意ではないのです。

「俗情」という日本語、これは英語ではどう言うのだろうと思って探したのですが、「vulgar motivation」あるいは「vulgar passion」といったあたりでしょうか。

しかし、そのような vulgar な心持ちで政治体制をつくったとしても、そんなことは恥ずかしくて表立っては言えません。「僕たちは嫉妬に基づいて政治体制をつくりました」と告白するわけにはいかないのです。したがって、本音の俗情を隠して、建前の論理をつくりたいという欲望が出てくるわけです。

これは心理学で一般的にいわれる話です。たとえばフロイトの精神分析でいえば、エディプス・コンプレックスという情念を抑圧しようとして自己防衛のシステムをつくるというパターンです。それを社会的、政治的に全体でやっていこうとするのが全体主義です。ここが、アレントの社会的精神分析の重要なポイントです。俗情を隠蔽するために、ご都合主義的な理屈が捏造されるわけです。

大事な点は、それが無意識的に行われるということです。エディプス・コンプレックスにしても、意識の上で「僕は父親に対するコンプレックスがあるから、こんなふうにやるんだ！」と思う人はいません。それと同じように、どこかにあるイデオロギーや思想を無意識のうちに借りてくるわけです。

もともと崇高なる哲学的議論に基づいて、理性によって理論をつくったのではない。俗情を隠蔽するための理屈にすぎない。したがって、そこに論理的、倫理的な一貫性などあるはずもないのです。

凡庸な悪人、アイヒマン

さて、そのような不条理なものを信じようと頭を働かせ続けていると、そのうちに気が変になってしまいます。そんななかで、さらに声高に「こうだろ！」と理不尽に叫び続けようとすれば、必然的に思考が止まってしまいます。一貫性のない無茶苦茶な議論を信じつづけるには、思考を止めるほかないわけです。

「思考停止」、アレントの全体主義論の中では、この概念が極めて重要になります。

では、思考を停止するのはどんな人間でしょうか。それは「凡庸な人間」です。凡庸な人とは、心の力がもともと弱い人、あるいは心なき人ですので、すぐに思考停止をしてしまう。逆に凡庸でない人とは、思考停止をしたくてもできない人のことです。ついついものを考えてしまう人、心でものを考えてしまう人です。

ところが、凡庸な人の中には非常に頭のいい人がいます。この連中がものすごくさまざまな工夫を重ねながら、真面目に粛々と、より効率的に全体主義を敷衍していくのです。これをアレントは「悪の凡庸さ」と呼びました。

先に紹介した『ハンナ・アーレント』という映画の中で、彼女は次のようなセリフを述べます。「本当の悪は、平凡な人間が行う悪です。これを、悪の凡庸さと名付けました」。これがこの映画のメインメッセージではないかと思います。

このセリフが吐かれるシーンについて、『イェルサレムのアイヒマン』という本の中で彼女は次のようにいっています。

アイヒマンはナチスドイツの優秀な官僚だった。彼は数百万人といわれるユダヤ人の強制収容所への捕虜輸送業務を所管していた。どのように効率的にユダヤ人を見つけ出し、アウシュビッツをはじめとする収容所に送るか、そして、どのように安いコストで一人でも多くのユダヤ人を効率的に処理するか。このようなことを所管していたのだ、と。

アイヒマンは戦後、逃亡しますが、イスラエル情報機関のモサドが血眼になって捜し出し、逮捕します。そして、エルサレムに連れてきて、裁判をして死刑にします。その裁判を見た全世界の人は、ものすごい悪いやつをイメージしていました。何百万もの人間を殺したのだから、冷徹で、目つきの鋭い超悪人だと思っていたのです。ところが、姿を見せた男は、どこにでもいるような、痩せた頭の禿げ上がったまったく普通のみすぼらしい男で、その裁判のやりとりは、終始こんな感じだったのです。

「君はなぜそんな残虐なことをしたのだ？」

「命令で、そう言われたので、やったのです」

「でも、君は自分が何をしているか、わかっていたのではないか？」

「いいえ。ただ命令にひたすら、一生懸命従っただけです」

尋問には終始、「命令だった」とひたすら繰り返す、何とも陳腐で凡庸な男だったのです。

この凡庸な男が、何百万もの人間の生命に直接関わる極悪非道を行っていたことに、アレントは驚いた。家族を大事にする子煩悩なお父さんのような普通の男が巨悪を働いたことに衝撃を受け、「悪の凡庸さ」を指摘したのです。

アイヒマンのような凡庸な、しかしものすごく頭のいい優秀な人が全体主義を敷衍させる一方、思考する人々――全体主義の体制外の人々――は結局、圧殺されます。ユダヤ人、反ナチズムの人はたくさんいましたが、捕まって徹底的に弾圧された。頭を使っている凡庸でない人、心ある人ほど圧殺されていくのが、この全体主義の恐ろしさなのです。

しかし、思考停止でデタラメをやっているのですから、最後にその国は潰れる。これがアレントの描いた全体主義物語です（**図表1**）。

全体主義としてのナチズム

さて、ドイツは、イギリスやフランスよりも後発の資本主義国で、植民地獲得の争いで遅れをとっていました。そのため、ポーランドなど近隣の国に侵攻して資本主義を拡大し

図表1　ナチスにおける全体主義

全体主義をつくった社会的な俗情 **In ドイツ**	（貪欲）“過剰供給”の処理＝資本家の強欲（→帝国主義） （虚栄）一部の人々の名誉欲 （恐怖）反ナチズムへの弾圧に対する恐怖 （存在論的不安／ルサンチマン）社会崩壊によってアトム化した“大衆”が，自らの居場所を与える“全体主義”を希求
プロパガンダに活用された理論	人種差別，選民思想（血の論理）
悪をなした凡庸な人々	思考停止した，ナチス支持の一般の人々 思考停止し，粛々と命令に従う真面目な官僚達（例：アイヒマン）
圧殺される人々	ユダヤ人，反ナチスト
破滅的な帰結	欧州における大量の死者，数々の街・風土の破壊 祖国ドイツそのものの自滅　→　東西分断

ていくしかなかったのです。

そもそもヨーロッパの国々が帝国主義に走り、植民地を広げていった背景には、デフレーションがありました。デフレとは何かというと、供給過剰です。限られたマーケットの中で供給が過剰になると、失業が発生する。そこで、失業した生産者を外国に出したいというモチベーションをヨーロッパの国々はもちました。そのように『全体主義の起原』第二部には書かれています。

いずれにしても、デフレを解消するために他国を侵略するのは「貪欲」の現れです。これが全体主義をつくった社会的な俗情の一つです（**図表1**）。

二つ目に「虚栄」があります。端的にいえばヒトラーの虚栄心をはじめとするナチス党員の名誉欲です。三つ目は「恐怖」で、ゲシュタポに捕まるのが恐い、反ナチズムと見なされて出世できなくなるのが恐いという心理です。

そして四つ目が「存在論的不安」です。要するにオルテガの大衆社会論と同じようなことを彼女は論じたのです。

もともと人間は、家族、地域社会、職場といったさまざまな共同体に埋め込まれて生きています。ところが、近代になって資本主義がはびこると、そのような中間的な共同体がどんどん崩れ出し、人々は不安に陥ります。

そのときナチズムが、「われわれはアーリア人の純粋な後継者なのだ。われわれゲルマン民族は一つの大きな純粋な血で繋がった家族なのだ」という、巨大なハリボテのような理屈を持ち出すのです。すると、共同体を失って砂粒のようにアトム化した人々は、喜んでその幻想に吸着するのです。

このような現象はフランス革命の後にもみられました。そもそも近代とはそういう時代なのです。既存の共同体を潰して、ハリボテの国家をつくる。逆にいうと、アトム化した人々には、ハリボテのようなものであっても、とにかくそれに吸着され、束の間でも自身の「存在論的な不安」を忘れたいという欲望があるのです。

この「貪欲」、「虚栄」、「恐怖」、「存在論的不安」に加え、「ルサンチマン」という俗情もあります。これは、自分は劣等ではないかという不安を常に抱えつつ、たとえば金銭上、圧倒的に優位な立場にいるユダヤ人に対して抱く怨嗟のような感情です。いずれにしても、こうした、精神の奥底からウジ虫が湧くような、ドロドロした腐りきった欲望。それらがすべて結託したものが、「全体主義をつくった社会的な俗情」です。

その俗情を正当化するのにナチスが活用したのが選民思想でした。アーリア人の末裔のゲルマン民族が最も立派な民族であるという、科学的根拠の全くない、いい加減な理屈です。これを熱狂的に信じたのは誰かというと、ナチスを支持した一般の人々、そして、思考停止し、粛々と命令に従う真面目な官僚たち、アイヒマンのような人たちです。

一方で、彼らに圧殺されたのはユダヤ人と反ナチスの人でした。そしてこうした全体主義によってもたらされた破滅的な帰結は言わずもがなです。欧州における大量の死者、数々の街と風土の破壊、そして祖国ドイツそのものの自滅、東西分断という結末です。

全体主義としてのグローバリズムとエリート層

図表2　現代のグローバリズムにおける全体主義

全体主義をつくった社会的な俗情 In 1% の勝者集団	(貪欲)“過剰供給”の処理＝資本家の強欲(→新帝国主義) (虚栄)一部の人々(政治家, 経済学者, エコノミスト)の名誉欲 (恐怖)反グローバリズムに対する抑圧への恐怖 (存在論的不安／ルサンチマン)社会崩壊によって アトム化した先進国の高学歴 or 資本家の“大衆”が, 自らの居場所を与える“全体主義”を希求
プロパガンダに活用された理論	(新自由主義的)経済理論(マネタリズム含む) ブリュッセル(EU)ウォール街(USA)霞が関・丸の内(日本)等の選民思想(エリート主義)
悪をなした凡庸な人々	思考停止した, グローバリズム支持の(悪しき)一般エリート層 思考停止し, 粛々と命令に従う真面目な官僚たち
圧殺される人々	格差社会の弱者側(途上国, 非グローバル企業&農家, 労働者等) 反グローバリスト
破滅的な帰結	弱者側における貧困と大量の死者, 数々の街・風土の破壊 世界中の国民の祖国そのものの解体

ここで、「グローバルキャピタリズムがいいのだ」というイズム、つまりグローバリズムについて、全体主義という概念を用いつつ、社会科学的な解釈を行ってみたいと思います。

図表1の「ナチス」を「現代のグローバリズム」に書き換えたのが**図表2**です。まず「Ｉｎドイツ」を「Ｉｎ一％の勝者集団」に置き換えます。ノーベル経済学賞をとったジョセフ・Ｅ・スティグリッツが、「一％の人が九九％の富を搾取している。これがグローバルキャピタリズムの帰結なのだ」と論じていますが、その一％の人のことです。

それは具体的には誰でしょうか。ＥＵですとブリュッセル、アメリカならウォール街、日本でいえば霞が関や丸の内。そこにいるエリートたちです。裕福で、頭が良くて、トップの大学を出て、政府や大企業の中枢にいるようなエリートたち。彼らは、ドイツのナチスと構造的に同じではないかということを、この**図表2**を使ってお話ししようと思います。

まず、この図表の一番上、彼らの「貪欲」は、ナチズムと全く同様で、過剰供給を生む資本主義の強欲です。グローバル資本主義は、すなわち新帝国主義であるともいえるでしょう。

次に彼らの「虚栄」は、一部の人々、すなわち政治家や経済学者やエコノミストたちの名誉欲です。彼らの「恐怖」は、「反グローバリズムなどと言えば、社会的に抹殺されるかもしれない」と恐れる心情のことです。

また、エリートの人たちは、しっかりした家庭や友人関係をもっていない、あるいは地域社会のコミュニティに属していないという可能性が普通の人々よりも高いとも考えられる。そうだとすると、彼らは「存在論的不安」に怯えている可能性が高いわけです。

共同体の崩壊によってアトム化した先進国の高学歴あるいは資本家の大衆——ここでの「大衆」とは九九％のことではなく、一％の人のことです——、彼らこそがオルテガの言った vulgar な大衆である、というのが私の主張です。

彼らは自らの居場所が欲しいのです。私の知り合いにも、家庭はめちゃくちゃ、部下はついてこない、ただ偉くなりたいとばかり思っているような一％の人がいますが、彼らはグローバル資本主義が崩壊すると、完全に居場所がなくなってしまう。だから、石に齧りついてでもそれに執着しようとするのではないかと、彼らを見るたびに私は思うのです。

グローバリズムにおいて「プロパガンダに活用された理論」はもちろん、新古典派経済学あるいは新自由主義的経済理論です。これにはマネタリズムも含まれます。そしてこれに加えてエリート主義です。彼らには選民思想が強烈にある。私は東京によく行きますが、他の地では考えられないような、凄まじくおぞましいエリート主義がはびこっているように感じます。そんな雰囲気は、丸の内のレストランあたりにいけば、強烈に漂っています。彼らにとってはそれが「世界」なのかも知れませんが、それは著しく狭く閉鎖的な空間です。そしてその閉鎖空間の中で彼らのエリート性を互いにたたえ合う。これは文字通り、オルテガが描写した大衆の典型像です。

さて、ここで重要なポイントは、彼らがアイヒマンとそっくりだということです。思考を停止し、ひたすら命令に従う。哲学的にものを考えないで、全体主義的に是とされる理論に従う。要は思考停止しているのです。思考停止をしてグローバリズムを支持する悪しき一般のエリート層、それがグローバル資本主義における「悪をなした凡庸な人々」です。なかでもとりわけ重要な役割を担っているのが、「粛々と命令に従う真面目な官僚たち」です。彼らは、純粋に「日本のため、世界のため」にと思ってグローバリズムに加担しています。したがって、われわれがグローバリズムを少しでも批判すると、彼らの逆鱗に触れるのです。グローバリズム批判をすると、「なにを言っているのか！　お前のような者がいるから世界はダメになるのだ！」と逆に怒られてしまうのがオチです。

さて、グローバリズムという全体主義のなかで「圧殺される人々」は、格差社会の九九％の人々、そしてエリート層の中でも反グローバリズムを掲げている知識人です。そしてその「破滅的な帰結」とは、各国の弱者・貧困層の増大、世界各地の街や風土の破壊、そして世界中のそれぞれの人にとっての祖国の解体です。グローバリズムは、ナチズムがもたらした破壊をもグローバル化するものですから、いっそう恐ろしい帰結をもたらしうる。私はそう危惧しています。

以上が**図表2**の説明です。それは、要するに、世界全体の一％の勝者集団が互いに結託し、九九％の敗者集団から搾取しているという構造です。そして一％の人たちは、その構造を正当化し、自らの存在論的な不安を隠蔽するため、新古典派経済学やエリート主義を利用している。そんな彼らが推進するグローバリズム、これこそ現在の全体主義にほかならないのではないでしょうか。

九九％はいかに闘うべきか

ここまでの話はグローバル資本主義についての解釈論です。解釈論に九割以上を割いたのは、適正な解釈が適正な処方箋を編み出す唯一最善の道だからです。ついてはこうした解釈論を踏まえて、最後に「グローバル資本主義を超えて」の「超えて（beyond）」について議論したいと思います。

これまで述べてきたように、グローバル資本主義の支配の進行は、世界に壊滅的な破滅をもたらします。総合的な社会科学的分析を行えば、この流れは、「グローバル化全体主義（globalization totalitarianism）」と名づけられるでしょう。そして、それに対する処方箋としては、「既往の全体主義対策の議論」が大いに活用できるでしょう。

アレントの議論の重要なポイントですが、全体主義と闘うためには、まずは全体主義があるということを認識する必要があります。もし、これが十分に認識されなければ、全体主義の中で「圧殺」されている側の人々が「圧殺」している側の人々を支持し、応援し続けるという、愚かしくも滑稽な状況が延々と続いていくことになります。一％の勝者たちによる全体主義運動の存在をしっかりと知るべし、これが第一です。

第二は、かなり絶望的な話でもあるのですが、その崩壊には外部からの力が不可欠です。これがアレントの結論なのです。ナチズムが崩壊したのは戦争に負けたからです。内部での自浄運動も必要ですが、なかなか難しい。なぜなら、全体主義は強烈な自律性を伴う社会学的現象だからです。「外部から崩壊させるしかない」というアレントの結論を、われわれは虚心坦懐に受け止める必要があります。

では、一％の外部はどこかというと、九九％です。九九％の弱者たち、ならびにエリートの中でも「体制外」にいる心ある人たちです。その九九％の人たちは、グローバル化全体主義の存在を知った上で何をすればいいのでしょうか。

ここでは結論だけ述べますが、九九％の人々の足元にある地域の文化、あるいは家族の構造、こういうものをしっかり見据えた上でコミュニティを大事にしていかねばならない。

そして、コミュニティの一番大きなサイズはネーション（国家）ですから、ナショナリズムを重視する必要があります。また冒頭でグローバリズムとインターナショナリズムは一見似てはいるが全く違うものだと述べましたが、ナショナリズムが互いに協力し合うインターナショナリズムを重視しなければなりません。

そのようなことを思い起こしつつ、九九％の人々が互いに協力してグローバル化全体主義に対抗していくことが必要とされているのではないか。これが私が考える、グローバル資本主義を超えていくための基本的な方向です。

新自由主義の失敗と資本主義の未来

ハジュン・チャン

いまだ高い失業率

現在、世界経済は、どのような状態にあるのでしょうか。二〇〇八年の金融危機から五年以上が経ちましたが、先進国の経済は本当に惨憺たる状態です。

二〇〇七年に比べ、二〇一二年末の一人当たりの生産高は、OECD加盟三四カ国のうち二二カ国で減少しました。まだリーマンショック以前のレベルに回復していないのです。二〇一二年の実質GDPは、二〇〇七年と比較して、ギリシャで二六％、アイルランドで一二％、スペインで七％、イギリスでも六％低下しています。アメリカは他国よりも回復が早かったといわれますが、一人当たりの所得は二〇〇七年より一・四％低下しています。

失業率も高いままです。危機がピークに達した時、全世界で八〇〇〇万人の新たな失業者が生まれたと推定されています。特にユーロ圏では、失業率が今なお一一％です。二〇一三年夏の時点での失業率は、ギリシャで二八％、スペインで二六％。金融危機前は両国とも約八％でしたから、およそ三倍に増えたわけです。若者の失業はさらに深刻で、一五歳から二五歳では五〇％を超え、二人に一人の割合です。

アメリカやイギリスでは、ピーク時で一〇％、今でも七％です。ただ、数字に騙されてはなりません。公式には失業者にカウントされない人もいるからです。つまり、フルタイムの仕事がないためにやむなくパートタイムの仕事をしている人々が数百万人に達すると見られています。

失業者にカウントされるのは、過去四週の間に求職活動をした人です。しかし、そもそも仕事を探すのを諦めた人も多い。ある推定によれば、パートタイムの人、仕事探しを止めた人も含めて計算すると、ピーク時の失業率は、アメリカとイギリスでも、一六〜一七％にも達しただろうと見られています。現在、少しは下がっていますが、それでも失業率が未曾有の高さにあることに変わりはありません。

ネオリベラリズムの不実な擁護者たち

ところが、少なくとも危機の一〇年前から、有名なエコノミスト、メジャーな金融機関の幹部は、「世界経済はうまくいく」と言っていました。例を挙げましょう。

まずはローレンス・サマーズ。クリントン政権の財務長官、オバマ政権のチーフエコノミックアドバイザーを務めた人です。彼はハーバード大学の教授で、決して極端なネオリベラリストではありません。

一九九八年、財務次官の時、サマーズはアメリカ議会で訊ねられました。「CDO（債務担保保証券）やCDS（クレジット・デフォルト・スワップ）など、極めて複雑な金融商品が巷に溢れているが、もっと規制したほうがいいのではないか」と。彼の答えは「ノー」でした。その必要はない、このような商品は非常に洗練された金融機関が売買している、彼らは自分たちの行為をよくわかっている、だからやらせておけばいいというのです。

それから数年後、シカゴ大学の有名なエコノミスト、ロバート・ルーカスは、次のように宣言しました。「いかに不況を予防するかという問題は、すでに解決済みである」と。彼によれば、「もう不況など起こらない」ということになります。ところが実際はどうだったでしょうか。

彼は一九九五年にノーベル経済学賞を受賞しました。ただし、経済学賞は本当のノーベル賞ではありません。アルフレッド・ノーベルが創設したものではないからです。六〇年代末にスウェーデン国立銀行がつくったもので、正式名称は「アルフレッド・ノーベル記念経済学スウェーデン国立銀行賞」です。ちなみにノーベル家は、ネオリベラルの学者にのみ賞を出すならノーベルという名前を外してほしいと言っています。

さて、「不況は予防できる」とルーカスが言ったのに対し、後のFRB（連邦準備制度理事会）議長のベン・バーナンキは、「経済の変動を減らせる」と言いました。"Great Moderation"（大いなる中庸）という表現で、私たちはマクロ経済の乱高下の少ない時代に生きていると述べたのです。

しかし、その後すぐ、アメリカでは住宅バブルが心配されるようになります。それに対し、経済政策のリーダーはどんな反応を示したか。二〇〇五年、住宅バブルが頂点に達した時、FRB議長のアラン・グリーンスパンは議会で質問を受けます。「住宅価格があちこちで高騰しているが、あなたは心配していないのか」と。彼の答弁はこうです。「ここにバブルはない。少しだけ細かい泡が表面に浮いているかもしれない。ただそれも、例えばフロリダなどの地方で」

同じような発言が彼の後継者によって繰り返されました。ベン・バーナンキです。彼がまだ経済諮問委員会のメンバーであった時、「住宅価格は二年間で二五％上がっているが、アメリカ経済は強いので大丈夫」と述べています。

ひどいのは、保険会社AIGのチーフフィナンシャルオフィサーであったジョセフ・カッサーノです。二〇〇七年の春、彼はこう言っていました。「CDOのどんな取引においても、一ドルを失うシナリオを現実とみることとさえ、真面目に言って難しい」と。その五カ月後に危機が起こり、そして二〇〇八年の秋、サブプライム住宅ローンに絡んで破綻したAIGを政府が救済したのは周知の通りです。

このような発言の例はたくさんありますが、この辺で止めておきましょう。そのポイントは、大半の主流派エコノミスト、そしてメジャーな金融機関が自由放任の市場のイデオロギーによって視野狭窄となり、世の中の善悪がわからなくなってしまったということです。

他の職業なら、このような人はすぐに放逐されるでしょう。ところが、金融関係の人たちは非常に強力です。いわく、「今回は間違っていた。けれども誰がそれを予想できただろうか。世の中、うまく回っていたのだ。嵐のようなものもときには起きうるということだ――」。

これは正直者の言葉とはいえません。少なくとも危機の二〇年前から、ネオリベラルな資本主義がすべてうまくいっているわけでない、ということなど、知ろうと思えば知りえたはずなのです。

所得格差は一国単位で考える

二〇〇八年の危機は、まさにネオリベラリズムの失敗の頂点でした。データを示しましょう。

ネオリベラリズムの資本主義は、過去三〇年間、世界中で採用されてきました。その結果、ほとんどの国で社会の格差が拡がったのです。イタリアの経済学者、ジョヴァンニ・アンドレア・コルニアは、一九五〇年代から九〇年代の間に、七三カ国のうち三分の二で国内格差が拡大した、と二〇〇〇年に報告しています。

ＩＬＯ（国際労働機関）の二〇〇八年のレポートによれば、一九九〇年から二〇〇〇年の一〇年間に、先進二〇カ国のうち一六カ国、発展途上国六五カ国のうち四一カ国で格差が拡大しています。要するに、世界のどの地域を調べても、三分の二の割合で社会格差が拡大しているという事実が示されたのです。

ところが、ネオリベラルなグローバル主義者の中には、「三分の二はそうかもしれない。しかし、実際には中国人の多くが豊かになって、全体では所得格差は改善している」と言う者がいます。しかし、このような議論はおかしい。というのも、社会格差については、やはり一国内をみるべきだからです。

実際に格差が拡大しているのかどうか、統計で調べるのは難しい。しかし、もし世界平均での所得格差が縮まっているとすれば、それは中国の貧困に喘ぐ層において若干の改善がなされたということにすぎないでしょう。私は、格差を考える場合、世界平均はあまり意味がないと考えます。「南アフリカや中国で多くの人が貧困から抜け出たのだから、日本の貧しい皆さん、国内で格差が大きくなっても気にしないでくださいね」と言えるでしょうか。

たとえば銀河に五五の惑星があって、知能をもつ動物が住んでいるとしましょう。そして、ずっと彼方の星が地球よりも裕福だとしましょう。銀河の全体でみるなら、豊かさの平均値は高くなるかもしれない。しかし、そんな数字を知りたいと思いますか。他の惑星に移ることのできる確率はゼロですから、向こうでどんな生活をしているのか、私には関係のない話です。

社会格差を論じる場合、その人が属している社会を前提条件にすべきです。人にはそれぞれ人生があり、それぞれ特定の集団に帰属して生活しているからです。

危機の始まりは二〇〇八年ではない

さて、ネオリベラリズムの信奉者は、これが経済安定に寄与すると言います。しかし、彼らの言う「安定性」は非常に定義が狭い。すなわち、価格についてインフレを抑えることができれば、それが安定だというのです。

確かに、インフレ率が一～三％に落ち着いていれば、経済は安定します。一九八〇年代以降、多くの国がインフレをコントロールしています。一方、南アフリカ、ブラジルでは現在、実質で一〇％、一二％と高金利で、弱体化している産業、起業したばかりのビジネスにとっては死活問題です。インフレの沈静化は確かに必要なのです。

ところが、インフレが鎮静化しているところでも、別の不安定要因がどんどん増幅しています。生産、雇用、そして金融の不安定化です。金融制度は、二〇〇八年までは何ら問題はなかったと思われるかもしれませんが、過去三〇年間、さまざまな金融危機が頻繁に起こっています。

まず、チリの銀行危機です。ピノチェト政権が金融の規制緩和をあまりにも急速に進めたため、一九八二年、金融機関が危機に陥ったのです。ネオリベラルな改革で民間資産を守ると標榜しつつ、結局は全銀行を国有化することになりました。そして、軍事クーデターで権力を手にした政権も潰れてしまいました。

一九八〇年代後半には、アメリカで大きな金融危機が起きました。主に住宅ローンを扱う貯蓄貸付組合（S&L）の破綻です。

それまでS&Lは、リスク商品を扱わないよう規制されていました。アメリカ各地の庶民のささやかな資金を預かる中小金融機関だったからです。しかし、住宅抵当ローンは薄利で収益が少ないため、不動産開発への投資、ハイリスク商品の販売などの分野に進出します。規制緩和がそれを可能にしたのです。結果、約三分の一のS&Lが窮地に陥りました。そして、アメリカ政府が税金で救済する事態になったのです。その額はGDPの三%にも達しました。

一九八〇年代後半から九〇年代に入っても各国で金融危機が続発します。たとえばスウェーデン、フィンランド、ノルウェーです。いずれも規制緩和を導入した直後のことでした。住宅バブルが弾けてローンが返済できなくなり、住宅の価格自体も下がって、大きな金融危機に至ったのです。

メキシコでも、九四年、九五年にテキーラ危機と呼ばれる金融危機がありました。アメリカ、カナダとの間でＮＡＦＴＡ（北米自由貿易協定）を結んだ時期です。九七年、九八年になると、危機はアジアに飛び火します。ＩＭＴエコノミーといわれるインドネシア、マレーシア、タイです。これらの国は未熟な金融市場を強制的に開放させられ、挙げ句の果てに危機に見舞われます。

それに続くのが、九八年のロシアの金融危機です。これが今度はアメリカに飛び火します。ロシアに大きな投資を行っていたヘッジファンドのロングターム・キャピタル・マネジメント（ＬＴＣＭ）が倒産の一歩手前までいきました。ヘッジファンドの扱う資金は巨額ですから、ＬＴＣＭが倒産すれば、アメリカの一二の銀行が連鎖倒産の憂き目に遭いかねません。あまりにリスクが高いと判断したＦＲＢのグリーンスパン議長は、債権者である銀行団による救済策を打ち出しました。さすがにヘッジファンドに税金は投入できなかったわけです。

ちなみに、このＬＴＣＭの取締役の中に、何とノーベル経済学賞をとった学者が二人いました。ロバート・マートンとマイロン・ショールズです。彼らの受賞理由は、金融デリバティブ商品の価格付けに関する新計算方法の開発です。しかし、皮肉なことに、新たなデリバティブ商品の価格の決定方法を知っているといいながら、自分たちのヘッジファンドを破綻させたわけです。

さて、その後も、ブラジル、アルゼンチンと危機は続きます。

二〇〇三年から二〇〇六年のわずか数年のみが、金融危機のない静かな時期でした。要するに、金融制度について考えるとき、私たちは短期の視点でものを見てはいけないのです。危機が始まったのは、二〇〇八年ではありません。一九八二年に、すでにチリで危機が起きていたのです。

ネオリベラリズムは成長すらもたらさない

このように金融危機が相次いで起こり、失業の増大、格差の拡大など、さまざまな問題が発生しました。しかし、ネオリベラリズムの究極の問題点は、実は経済成長さえもたらさなかった点にあります。

この三〇年間、「格差は拡大しても、経済は成長する、富は増えるから我慢せよ」と言われ続けてきました。豊かな人がより豊かになることで、投資が増え、仕事が生まれる。いわゆるトリクルダウンの効果で、社会の底辺においても結局は生活が良くなる、というわけです。しかし、実際はそうなっていない。

数字をみてみましょう（**図表3・図表4**）。一九六〇年から八〇年の二〇年間、先進国の成長率は、年間三・二％でした。八〇年から二〇一〇年の三〇年間では、約半分に下がり、一・八％です。途上国では、六〇年から八〇年までが三％なのに対し、八〇年以降は二・七％です。三％から二・七％なら、そんなに悪くないと思われるかもしれませんが、この成長を支えていたのは、主として中国とインドなのです。

中国は、ＩＭＦ（国際通貨基金）からの融資をあまり受けなかったので、影響もあまり受けませんでした。一方、アフリカやラテンアメリカの国は、融資の見返りにＩＭＦの勧めるネオリベラルな政策を忠実に実行せざるをえませんでした。低い成長率は、その結果です。

一九七〇年から八〇年のサハラ以南のアフリカ諸国の成長率は、平均で約一・六％。ラテンアメリカは約三・二％です。ところが、八〇年から二〇一〇年のサハラ以南のアフリカ諸国は〇・二％、ラテンアメリカは〇・八％しかありません。

図表3　ネオリベラリズムの成果？

1960-1980年の一人当たりGDPの成長率

	1960-70（%）	1970-80（%）	1960-80（%）
低所得国	1.8	1.7	1.8
サハラ以南のアフリカ諸国	1.7	0.2	1.0
アジア諸国	1.8	2.0	1.9
中所得国	3.5	3.1	3.3
東アジア・太平洋諸国	4.9	5.7	5.3
中南米諸国	2.9	3.2	3.1
中東・北アフリカ諸国	1.1	3.8	2.5
サハラ以南のアフリカ諸国	2.3	1.6	2.0
南欧諸国	5.6	3.2	4.4
途上国全体	3.1	2.8	3.0
先進国	3.9	2.4	3.2

図表4　ネオリベラリズムの成果？

1980-2010年の一人当たりGDPの成長率

	1980-90（%）	1990-2000（%）	1980-2000（%）	2000-10（%）	1980-2010（%）
途上国	1.1	2.3	1.7	4.6	2.7
東アジア・太平洋諸国	5.8	7.0	6.4	8.2	7.0
欧州・中央アジア諸国	1.9	−0.7	0.6	3.9	1.7
中南米諸国	−0.6	1.3	0.3	1.8	0.8
中東・北アフリカ諸国	−0.1	1.8	0.8	2.5	1.3
南アジア諸国	3.1	3.2	3.2	5.5	3.9
サハラ以南のアフリカ諸国	−1.0	−0.5	−0.7	2.1	0.2
先進国	2.4	1.9	2.1	1.1	1.8

〇・二％の成長率とは、三〇年かけて所得が六％向上するという数値です。中国では、半年で六％の成長を達成した時期もありました。中国が六カ月で実現した成果を、サハラ以南のアフリカ諸国は三〇年かけてやっと獲得したというわけです。要は、ほとんど経済成長していないということです。

それでも、ここ一〇年はわずかに成長の兆しがみられました。ただ、この成長に持続可能性があるのかどうかは不確かです。というのも、外的な要因による成長だからです。つまり、中国からの投資ブームです。

その他の成長要因の多くも、一過性のものです。たとえば新たな鉱物資源が見つかった、内戦が終結した、などの事情です。アンゴラ、赤道ギニアでは、突然、豊富な原油が見つかり、年一五％も成長しましたが、埋蔵量がわかって生産が安定してくれば成長率は落ちます。内戦が終われば成長率は急上昇しますが、その状態がいつまでも続くわけではありません。

ラテンアメリカも、やはり中国の動向に左右されています。しかし、ラテンアメリカの成長には持続可能性があると言えるでしょう。アルゼンチン、ブラジル、エクアドル、ウルグアイ、そのほか多くの国で、少なくとも部分的には、ネオリベラルな政策を転換したからです。まだ不十分ですが、生産能力も増強しています。

さて、このように数字をみると、ネオリベラリズムは、経済成長という面においても、良い結果を残していません。国内の社会格差を拡大し、世界経済をより不安定なものにしましたが、さらには、経済成長すら実現していないのです。

なぜこうなったのか。答えは明白です。ネオリベラリズムが、あまりにも複雑で短期志向の金融システムをつくり上げてしまったからです。

コントロール不能の金融商品

二〇〇八年の金融危機以降、耳慣れない金融商品の名を聞くようになりました。MBS（モーゲージバック証券）、CDO（債務担保証券）、CDOスクエア、CDOキューブ、CDS（クレジット・デフォルト・スワップ）……。新たに開発されたさまざまな金融派生商品が世の中に出回っており、説明するには一冊の本を書かねばならないほどです。

たとえばMBS。これは何百、何千ものモーゲージ（住宅抵当）を一つのプールにして、証券化して売り出すものです。失業や事故で仕事を失った人からローンの返済は受けられない。しかし、たくさんの住宅ローン債権を集めれば、一つ一つの債権よりも安全だろう、というわけです。このような合成的な金融商品が全体として複雑な金融システムをつくっています。

イングランド銀行で金融安定を担当しているアンディ・ホールデンという経済学者がいます。彼がある日、CDOスクエアについて必要な情報をすべて理解するにはどれほどの書類を読まねばならないのか、ざっと計算してみました。すると、A4サイズで一〇億頁分にもなったそうです。それほどの情報を吸収しないと本当に理解したことにならないわけです。

このような金融デリバティブに関する契約書は、「もはや誰も読めない」と関係者自らが告白しているくらいです。要するに、金融システムは、コントロール不能になっているのです。ローレンス・サマーズのような洗練された頭のいい人でも、世の中で何が起こっているのか、もうわからなくなっている。不安定性が非常に強まって、金融危機はいつ発生しても不思議ではありません。

どうしていいのか誰もわからない。したがって、ある人が、たとえばコロンビアを投資先として薦めると、みんなが同時にそこに投資する。また別の人が、ある日、「新しいMBSはリターンが高い」と言えば、みんなが急いでそれを購入する。こうしてマネーが不安定に、そして急速に移動するわけです。

こういう状態にあれば、新興国で金融危機が起こるのも当然です。チリであれ、ロシアであれ、マレーシアであれ、ある時点でみんなが一斉に投資をしてしまったから、その数年後に危機に見舞われるのです。

短期利益の最大化とコストカット

金融システムのこのような変化によって、非金融機関の投資行動も変わってしまいました。

もともと金融セクターは、他の産業セクターよりも利益率が低かった。ところが、多くの国がＩＭＦの求めるような金融市場の開放を行ったので、投資先の選択肢が増えました。規制緩和によって、アメリカのＳ＆Ｌに商業用不動産への融資が許されたように、従来の制限が取り払われ、投資のチャンスが広がったのです。

特にアメリカでは、七〇年代の半ばまで、金融業界の利益率は、非金融業界と比べて低いものでした。しかし、八〇年代に入って規制緩和が進むと利益率は上昇しました。変動はありますが、だいたい四％から一二％の利益率です。一方、非金融業界は二％から五％

くらいです。

もし金融部門の利益率が一二％であるならば、たとえば五％のリターンしかない不動産業界に誰が投資しようと思うでしょうか。あなたが非金融部門のマネージャーであるなら、どうされるでしょうか。

あなたは自分の会社の株主を満足させねばなりません。しかし株主は、金融資本に倣って気が短くなっている。「三カ月で結果を出せ」と迫るわけです。せいぜい待ってくれても六カ月か一年です。あなたは何をなさいますか。答えはシンプルですが、その結果は破滅的なものです。

あなたはまず短期利益を最大化しようとします。具体的に言えば、コストカットのため、従業員からありとあらゆるかたちで搾り取る。サプライヤーには、最大限に値切って安い価格にしてもらう。

また、あなたは投資をしない。投資のコストを払うのは今日ですが、そのリターンを得るのは将来だからです。もちろん研究開発にも力を入れない。結果が将来にしか出てこない不確実な投資はしないのです。手元の資金が潤沢なのは、投資をしていない証拠です。

その結果、三年後、五年後ないし一〇年後には、あなたの会社の従業員は士気を失う。

サプライヤーは質の悪い製品を提供する。研究開発をしていないので、機械も時代遅れになって、商品の品質も落ちる。すべて、あなたがコストカットをした結果です。

でも、あなたはそんなことは気にしません。株主が喜ぶからです。そして高い給与をくれるからです。正直にいえば、三年、五年も経てば、自分はヘッドハンティングされ、別の会社に勤めているだろうと思っている。なぜなら、自らの利益を最大限にしたからです。

「株主価値の最大化」が投資を抑制

一方で、会社のほうは破滅状態になります。それでも会社の所有者である株主は全く平気です。

そもそも株主の権利は、どのようなもので、どのように正当化されるものなのでしょうか。たとえば所有者が自ら住む家は、賃貸の家よりもよく手入れされます。というのは、所有者は自分の持ち家に強い利害関係をもって、その長期のあり方について考えるからです。テナントはそんなことは考えません。

しかし、この例はあなたの会社には当てはまりません。株主は、会社に対してコミットメントの責任はないからです。労働者が失業すれば、数週間、数カ月経たないと、なかなか次の仕事に就くことはできません。一方、株主は、ボタンをクリックすれば、一秒で会社のオーナーを辞められ、別の会社のオーナーになれる。それゆえ会社にプレッシャーをかけて、将来の結果がどうあろうとも、「今、結果を出せ」と要求できるのです。

会社は、利益を最大にした上で、配当として株主に渡さねばならない。一〇〇の利益が出れば七〇は株主に払う。これが伝統的な割合です。しかし今日、利益のほとんどすべてが株主に配当されます。さらに株式の買い戻しという新たな方法もある。会社の余剰金を使って自社の株を買って、株価が上がれば、その時点での株主に還元するわけです。

アメリカの経営史家、ウィリアム・ラゾニックが株主への分配について調べています。サンプルは、アメリカの代表的株式指数であるS&P500に名を連ねるトップ企業五〇〇社のうち四五九社、期間は二〇〇一年から二〇一〇年です。計算したところ、これらの会社は、利益の九四%を、配当または株式の買い戻しによって株主に分配していることがわかりました。イギリスは少しましで、S&Pヨーロッパ350の八六の大企業を調べたところ、その率は八九%でした。

これは悲惨なことです。というのは、社内留保、すなわち株主に分配されない資金こそ会社にとって最も大事な投資のための元手だからです。利益の九四%を分配すれば、投資ができなくなってしまいます。一九五〇年代から七〇年代にかけて、アメリカ企業の社内留保は、利益の三五~四五%でした。それが今では六%にすぎません。

このような企業戦略は、しばしば「株主価値の最大化」といわれます。その結果は、企業の衰退です。最も劇的な例がゼネラルモーターズ(GM)の破産です。私はよく言うのですが、これはソ連崩壊よりも劇的でした。一九五五年には、GM一社だけで三五〇万台の車をつくっていた。アメリカの自動車生産の半分です。その年、日本には一一社か一二社の自動車メーカーがあって、生産量は全部合わせて七万台、GMのたった二%でした。それほど大きく、アメリカにとって大事な企業が、「株主価値の最大化」によって破産したのです。

「株主価値の最大化」を経営の目標に掲げたのは、ゼネラル・エレクトリックの元CEO、ジャック・ウェルチです。彼は、二〇〇八年の金融危機の際に受けたインタビューで、この戦略は世界で最もバカげていると自ら認めました。カール・マルクスが共産主義を否定したようなものです。

ともかく、アメリカでは、大企業のマネージャーや株主など一%の裕福な層が、二〇〇六年には国民所得の二三%を得るようになりました。小さな会社や労働者から利益を搾り取って、自分たちは贅沢な生活を楽しんでいる。彼らに金儲けのアドバイスをしているのは投資銀行です。一般のアメリカ人は彼らに法外な金銭を払っているのに、投資はなされない、というわけです。だからこそ、経済が衰退し、失業が増え、ついには金融危機が起こるのです。

マネーに翻弄される途上国

途上国は、もっとひどい状態です。確かに中国やインドといった例外はあります。これらの国は資本市場開放の要求に断固反対した。完全ではありませんが、規制緩和による経済の不安定化に抵抗しました。

しかし、その他の規模の小さな国々は、先進国の要求に応えざるをえませんでした。そのため、先進国からのマネーの流入にわずかでも変化が起これば、あっという間に金融が不安定化する状態にあります。

たとえば南アフリカの株式市場は、アフリカ最大です。金融部門もかなり発達している。その南アフリカでさえ、株式市場の規模はアメリカのたった三％です。したがって、アメリカの株式市場のわずか二％の資金でも南アフリカに流れ込むと、一夜にして株価が三〇％も上がることになるのです。

それでも南アフリカの株式市場は、他の途上国に比べれば大きい。コロンビアの株式市場は、南アフリカより二割小さく、アメリカの一％の大きさです。そのコロンビアも、途上国の基準でいえば富める国です。ですから、さらに規模の小さい国になると、もうどうしようもない状況です。

ここ数年、いわゆる金融の量的緩和が、アメリカやイギリスなどの先進国で行われています。その影響で各国の金融市場で流動性が高まり、特に途上国で不安定さが増している。

ＩＭＦは、伝統的に資本移動の管理に批判的です。しかし、コロンビアなどに対しては資本規制の導入を勧告しました。これ以上のホットマネーの流入は避けよ、というわけです。

突如として大量のマネーが途上国に押し寄せると、為替の管理が難しくなり、自国通貨の価値が上がる。すると輸出が減り、マクロ経済に変調を来すのです。

産業育成の手段を奪われた途上国

途上国に必要なのは、たえず投資を増やしていくことです。企業の育成には時間がかかります。それだけ資本も必要です。しかし、政治的、経済的に不安定な要素が増えれば、投資先として嫌われます。未来が不確実であれば、将来のリターンに期待する投資には踏み切れないからです。

今日の先進国は、自国経済を発展させるにあたって、未成熟産業を育成する、さまざまな手段を使ってきました。関税、補助金、国営企業といった方法です。これによって若い産業の生産者を外部との激しい競争から守ったのです。たとえば日本も、一九五〇年代、六〇年代、先進国の優れた競争相手から自国の自動車企業を保護した。そうしないと自動車産業そのものが消滅してしまう恐れがあったからです。

しかし、ここ数十年、こういった政策を途上国は採用しにくくなっています。一九八〇年代以降、ＩＭＦや世界銀行が貿易自由化を声高に叫ぶようになったからです。補助金は削減せよ、国営企業は民営化せよ、自国産業の保護策は撤廃せよ、と。それらを借款の条件にしたので、途上国が自国の産業を育てることがいっそう難しくなりました。

また、一九九五年に発足したＷＴＯ（世界貿易機関）が、関税の適用範囲を大幅に削減するよう求めてきました。多国籍企業の直接投資に対する規制緩和も求められた。かつては産業保護のため、外国からの進出企業に対して、たとえば「現地生産の部品を六〇％使うように」などと義務づけるローカル・コンテント法が定められましたが、それも不可能になりつつあります。

　さらにこの一〇年、二国間、多国間の自由貿易協定がどんどん結ばれるようになった。貿易の自由化は、現在、これまで以上にスピードを増し、自国の産業育成が途上国にとってますます困難になりました。自由貿易協定は、WTOに比べて、規制緩和をより強く要求する内容になっているからです。

　自国にとって重要な意味をもつ産業は、保護して育てねばなりません。しかし途上国の産業は、幼少期の成長段階に必要な国の保護を奪われているのです。その結果、普通なら先進国になってから起こる産業の空洞化現象が、製造業や建設業といった基幹産業ですでに始まりつつある。ブラジルでは、GDPに占める未成熟産業への投資額比率は、かつての二七%、二八%から一七%、一八%にまで落ちています。

　こうして未成熟産業への投資が減り、生産性が落ちてくると、すでに成熟期にある産業に資金が向かいます。あるいは、変動の激しい不動産市場、資源市場に投機資金をつぎ込むようになります。こうなると、結局、長期的な視野に立った国の経済発展を自ら傷つけることになります。

　高度な製造業が育たなければ、待遇の良い安定した雇用も生まれません。洗練されたスキルの要らないサービス業をはじめ、低賃金の仕事ばかりが増えるのです。

さて、このように低成長のまま格差の拡がる世界経済の現状に対して、われわれは何をすべきでしょうか。

途上国の発展に必要な規制

まず、グローバルな貿易投資に関するルールの変更が必要です。WTOが認める貿易政策、産業政策を、途上国がより積極的に活用できるようにすべきです。今は、途上国の閣僚自身が、WTOを恐れ、「それをやるとWTOに怒られるから」と言い訳して、国内の声を抑えこんでいるような状況です。これを変えていかねばなりません。

短期間の過剰な資本移動に対する規制も必要でしょう。途上国に資本規制を認めれば、先進国の金融機関がもつ投資の選択肢を減らすことができます。そうすれば、途上国からの急激な資本逃避もなくなり、危機を招かずにすみます。

中国とインドは、この二〇～三〇年、高い成長を実現してきました。他の途上国に比べ、産業政策と資本規制を積極的に活用したからです。しかし、放っておけば、市場はどんどん格差を生み出します。両国はそれを抑制できていません。再分配によって格差を是正する福祉国家的な政策が不十分なのです。

一九六〇年代から八〇年代にかけ、日本や韓国は、市場において格差を生み出す主体にさまざまな規制をかけました。大規模小売業者の出店を規制して小さな商店を守り、関税や補助金によって零細な農家を守ったのです。また、かつてアメリカよりも所得格差の大きかったスウェーデンは、税を通じた再分配政策によって格差を縮小させた。中国とインドはこのような方法をとっておらず、格差はなお拡大し続けています。

長期的投資を可能にする金融システム

経済の安定化のために重要なのは、金融制度の改革です。いくつかの金融危機を通して、ある程度の改革はなされてきましたが、まだまだ不十分です。

たとえば、国際業務を展開する銀行に対して、バーゼル3という、自己資本比率に関する規制が導入されようとしていますが、スピードがあまりにも遅い。全面的に導入するのに、九年も金融機関に猶予を与えています。投資銀行と商業銀行を分離した一九三三年のグラス・スティーガル法の実施にあたっては、極めてラディカルな金融改革であるにもかかわらず、当時のアメリカ政府は、金融機関に一年しか猶予を与えなかった。なぜバーゼル3の全面的導入に九年も必要なのか。私が懸念するのは、金融業界の雇ったロビイストの活動です。せっかくの金融改革案の内容が、彼らの画策によって、導入までに骨抜きにされる恐れがあります。

複雑極まりない金融デリバティブ商品に対する規制も、ほとんど実施されようとしていません。現状維持派はこう言います、「規制の必要はない。なぜなら、そうした商品で火傷をした人たちは、もう二度と手を出さないだろうから」と。しかし、一度買った人が二度と買わないという保証がどこにあるのでしょうか。金融投資家の記憶など当てにできるものではありません。中味のはっきり知れない有害な金融商品は今も開発され続けています。このままでは、金融危機はまた繰り返されるでしょう。

私は、複雑な金融商品をつくる人に、販売前に代償や対価をしっかり説明させるべきだと思います。そう言うと、新自由主義者たちは、「政府が承認するような問題か」と批難します。しかし、そんなことは医薬品ではすでに行われています。開発した薬を次の日に売ってはいません。まず臨床試験を行い、効果が副作用を上回ることを証明してから初めて販売できるわけです。もちろん一〇〇%の証明は無理ですが、同じようなことを金融商品についても求めていいのではないでしょうか。

撤廃された規制の再導入も必要でしょう。かつてのように、地域の年金基金やS&Lが、リスクの高い資産を保有することを禁止するなど、短期的な投資先を減らすのです。お金がすぐには儲からないとわかれば、投資家も時間をかけて待とうと考えるようになるかもしれません。

また、もし株主資本主義にこだわりたいなら、長期安定株主により多くの議決権を配分すればよい。今は一株当たり一票ですが、たとえば三年以上にわたって株式を保有している安定株主には、三倍の議決権を与えるというようにです。

このように厳しい規制を提案すると、「あなたはアンチ金融派ですね」と言われますが、それは間違いです。私が規制の強化を説くのは、それだけ金融が重要だと思うからです。

金融システムは現在、非常に発達しています。株式市場、社債市場、国債市場があり、中央銀行があり、預金保険があります。こうしたシステムがなければ、たとえば小さな工場で五〇人の労働者が汗水たらして繊維製品をつくる、そんな産業しか世界には存在していないでしょう。金融システムが発達したからこそ、大きな資本を動かし、産業の効率を上げることができたのです。その貢献は大きい。しかし、だからといって規制が不要であるとはいえません。

次のような例を考えてください。昔、人々の移動手段は、たまに馬に乗る人はいても、基本的に徒歩でした。その時代にはスピード制限も交通信号もなかった。交通事故は滅多に起こらず、起こっても損害が小さかったからです。しかし、現在は自動車が走り回っています。事故が起きれば人命が奪われる。それゆえに制限速度や信号機、エアバッグやシートベルトがあるのです。自動車という機械が非常にパワフルになったからこそ、交通規制の必要が生まれたわけです。

私たちは、国内レベルでも、国際レベルでも、新自由主義の政策を徹底的に改めなければなりません。さもないと、これまでの三〇年のような低成長、格差拡大、そして金融危機が繰り返されるでしょう。私たちは、政治とビジネスのリーダーたちに向かって、政策の転換を強く求めていくべきです。それは彼らにとっても必要なのです。なぜなら、格差が拡大し、社会のダイナミズムが失われれば、彼ら自身も含め、すべての人が苦しむからです。

これほど失敗の証拠が揃っているのに、なぜ私たちは待たねばならないのでしょうか。今こそ、新自由主義との決別を実行すべき時なのです。

歴史は繰り返す？——第二次グローバル化の未来

柴山桂太

グローバル化の現状について考察するため、歴史を遡り、過去にあったグローバリゼーションと比較しながら議論を進めたいと思います。

述べたいのは、大きくは二つのことです。一つは、グローバル化は人類の歴史で何度も繰り返されてきたということ、もう一つは、その過程は平坦ではなかったということです。グローバル化という言葉は最近のものですが、国境を越えて経済的な結びつきが強まることそれ自体は、最近になって始まったものではありません。

またわれわれは、グローバル市場が統合されていくと世界は繁栄し、今よりも平和になると考えがちです。しかし歴史を振り返り過去のグローバル化の時代を調べると、そう簡単には行かないことが分かります。世界経済が不安定になり、国家間の対立が先鋭化していくことになるからです。こうしたネガティブな側面にも注目して、現在のグローバル化の未来について考えていきましょう。

大モンゴル時代と大航海時代

まず、大昔のグローバリゼーションについて取り上げます。

貿易や投資の拡大、資金や人の移動の活発化をグローバル化と捉えるなら、これは別に最近になって始まった現象ではない。たとえば一三世紀には、モンゴルがユーラシア大陸を支配し、「モンゴルの平和」のもと、東は中国から、西はヨーロッパまで、商人が移動していました。一五〜一六世紀には、ヨーロッパの宣教師や商人が南北アメリカ大陸やアジアに渡り、宗教と商業の世界的ネットワークを成立させました。

これらの時代は、人や物が行き来するだけでなく、病気の往来もあったようです。パクス・モンゴリカの時代には、ペストがヨーロッパに流れ込んで大被害をもたらし、大航海時代には梅毒のような南米の風土病が世界に広まった。グローバリゼーションは良いものと悪いものを一緒に運んでいくことが、このような歴史からもわかります。

ただ、中世には統計がないため、具体的にどれほどの規模で、どのくらいのスピードでグローバル化が起こったかはよくわからない。一九世紀になると各国で社会統計が整備されますので、それを利用して貿易や資本移動の動きを具体的に追えるようになります。

第一次グローバル化

近年の歴史家は一九世紀後半、とりわけ一八七〇年代から、一九一四年の第一次世界大戦までの期間を「第一次グローバリゼーション The First Era of Globalization」と呼んでいます。第一次大戦でいったん崩壊して、その後持ち直すのですが、世界恐慌で完全に破綻しました。経済史家のハロルド・ジェームズは、「第一期のグローバリゼーションの時代と現代との統計的な比較を試みた経済学者は、たいていその相似性に驚く」と述べています。

この二〇年間、さまざまな研究論文で示されている成果の一端を紹介しましょう。まず貿易依存度の高まりです。グローバル化が進むとは、各国経済における輸出や輸入の比重が大きくなるということです。GDPに占める輸出の割合をみると、どの国でも一八七〇年代から一九一三年にかけて数字が伸びていることが分かります。

イギリスではピークが一九一三年の一七・五%。その後、二度の世界大戦と大恐慌によって減り、一九五〇年代は一一・三％となっています。一九七〇年代から再び上昇して戦前を上回り、二〇〇八年は二九・五％です。現在に比べれば一九一三年の水準は低いですが、貿易の比重が大きくなった時期が戦前にもあったことがわかります。

南米は、当時のグローバル化の中核地域でした。ブラジルの輸出比率は、一八七〇年には一二・二％。この水準にまで回復するのはごく最近のことです。南米では、戦前のほうが現在よりもはるかに貿易面でのグローバル化が進んでいました。

日本はどうでしょうか。日本の貿易依存度は、第一次大戦の前後から急上昇します。一九三〇年の輸出比率は一八・七％。戦後の高度成長期は一〇％程度でしたから、戦前の日本経済がいかに海外市場に依存していたかがわかります。リーマンショック前の日本の輸出比率は一七％でしたから、最近の日本は次第に戦前型の資本主義に戻っていると言えます。ちなみに、戦前の日本の輸出先は主にアメリカと中国でした。現在の貿易相手もこの二国が最大です。

次に資本移動をみると、やはり一八九〇年から一九一三年までに急激に伸びています。戦後はブレトンウッズ体制のもとで、国境を越えた金融活動が押さえ込まれていましたので、資本移動についても戦前の水準を回復したのは、本当に最近のことです。

ところで、当時のグローバル化を、同時代を生きたケインズは次のように記述しています。

「一九一四年の八月に終わりを告げたこの時代は、人間の経済的進歩の中でもなんという異例のエピソードであったことか！　……ロンドンの住人は、ベッドで朝の紅茶をすすりながら、電話で全世界のさまざまな産物を必要と思う量だけ注文することができた。……同じように、彼は自分の富を、世界の天然資源や新事業の投資に好きなように振り向けることができたし、少しも労働せず、心煩わせることもなく、その果実や利益の分け前にあずかることができた」（J・M・ケインズ『平和の経済的帰結』一九一九年）

どうでしょう。ケインズという名を隠せば、現代のことを言っているかのようです。「電話」を「インターネット」に変えれば、今日でもなお通用する描写なのではないでしょうか。

第一次グローバル化の時代は、第一次大戦によって転機を迎えました。これは資本移動に注目すると、はっきりわかります。第一次グローバル化の時代は、金本位制のもと、為替レートが固定され、お金が動きやすい環境にあった。第一次大戦で金本位制が停止され、その後一九二〇年代の半ばに復活しますが、大恐慌後に完全に停止されました。戦前のグローバル化は、一九三〇年代に幕を下ろしたのです。

日本が明治維新を迎えたのは、第一次グローバル化の時代でした。そもそもペリーは日本に自由貿易を迫ったわけで、日本の近代は当時のグローバル経済に組み込まれることで始まったわけです。ところが明治政府は、国づくりをしようにも国内にお金がない。そこで国債をロンドン市場で発行し、資金を調達した。日露戦争（一九〇四〜〇五年）の戦費でさえ、ロンドンやニューヨークの市場からの資金調達で賄った、というのは有名な話です。高橋是清や深井英五といった日銀のエースがロンドンに飛び、投資家を一生懸命口説いてお金を借りたわけです。

豊かになった今では遠い昔のエピソードですが、開国間もない頃の日本は、本当に厳しい状況にありました。金本位制など当時のグローバル・スタンダードを受け入れつつ、なんとか資金を調達しながら国づくりを進めざるをえなかったわけです。

ちなみに、第一次グローバル化の時代は、人の移動については現在よりも盛んでした。特に、ヨーロッパ大陸から大西洋を越えて南北アメリカ大陸に向かう移民の波が大きかった。オーストラリアやニュージーランドも、この時期に人口を急速に増やしています。日本では現在、少子化対策で移民を受け入れるべきかどうか議論されています。しかし、明治から一九五〇年代までの日本は、移民の輸出国だったのです。周知の通り、アメリカ、特にハワイや、ペルー、ブラジルに渡った日本人の子孫が今なおたくさんいます。

第一次グローバル化の要因

では、一九世紀にこのようなグローバル化がなぜ起きたのか。この問題を考えることは、一九世紀のグローバル化がなぜ終わってしまったのかを考える上でも極めて重要です。さまざまな理由が指摘できます。一つは、大国が全面的にぶつかり合う大きな戦争が不在だったということです。ナポレオン戦争が終わった一八一五年から第一次大戦の始まる一九一四年までの一〇〇年間、ヨーロッパの大国間で大きな戦争はなかった。普仏戦争、露土戦争、クリミア戦争などの限定的な戦争はありましたが、その前後と比較すれば平和の時代だったと言えます。国境を越えて経済活動が行われるグローバル化は、やはり平和でなければ起こりえません。

二つ目に、当時のグローバル化はイギリスによって積極的に推進されていました。強大な海軍力で世界の海を支配するだけでなく、貿易や金融の中心地として自由貿易を率先して実践していた。この時代のイギリスの経済学者も、自由貿易がいかに正しいかを証明することに躍起になっていました。

三つ目は、金本位制です。一八七〇年代から世界の主要国のすべてが金本位制に参加し、国際的な通貨制度が確立しました。この点が、第一次グローバル化の一番大きな特徴だと思います。

四つ目は、技術革新です。現代はＩＴ革命の時代などと言われますが、当時は輸送革命の時代でした。鉄道や蒸気船が登場し、冷凍技術や電信技術が開発された。これらが国内輸送だけでなく、国境を越えた輸送をも活発にしました。貿易にかかる輸送コストが大幅に下がるなどの効果があったためです。

第一次グローバル化と第二次グローバル化の比較

ここで第一次グローバル化と現在の第二次グローバル化を比較してみましょう。まずは共通点から述べます。

一つ目は、国をまたいで商売を行う多国籍企業が当時も存在していたということです。

もちろん、現在ほど直接投資は活発ではなく、工場や販売拠点を海外につくるといっても、極めて単純なものではありましたが。

二つ目は、「経済的な相互依存が平和を導く」という学説の存在です。今日、政治学でも経済学でも、この種の学説は大いに信じられている。一九世紀終盤のヨーロッパや日本でも、「貿易によって各国が結びついたほうが世界は平和になるのだ」という議論があったのです。

三つ目に、一九世紀はイギリス、二〇世紀はアメリカですが、世界経済の中心国において自由主義経済学が大きな影響力をもったという点です。経済学説史では、一九世紀の自由主義経済学を、「古典派経済学」と呼び、現代のそれは「新古典派経済学」と呼びます。理論の道具立ては、現代のほうがはるかに複雑です。しかし、基本となる考え方は一緒です。すなわち、価格によって市場が自己調整される、競争によって生産性が上昇する、自由貿易は原則的に正しい、政府はできる限り財政規律を守るべきである。こうした考え方は、大国にとって極めて都合のいいイデオロギーになっているということも言い添えておきましょう。

四つ目として、グローバル化の時代には、先進国と新興国の対立が次第に激しくなります。一九世紀にグローバル化の波に乗って急速に経済成長した新興国は、ヨーロッパではドイツ、アジアでは日本でした。現在の第二次グローバル化では、やはり中国を筆頭に挙げるべきでしょう。

経済が急成長すると軍事力も大きくなる。新興国の台頭で、世界秩序を変更しようとする力が大きくなります。当然、既存の秩序を維持しようとする国――一九世紀のイギリス、二〇世紀のアメリカ――との対立は深まります。

五つ目は、周期的な金融危機を起こすということです。一九八〇年代以降、現在のグローバル資本主義は何度も金融危機を繰り返した。一九九七年のアジア通貨危機、そして二〇〇七年から〇八年にかけてのサブプライム危機、リーマンショックは記憶に新しいところです。このような金融危機は、一九世紀にもやはり頻繁に起きていました。

ちなみに、一九九七年も二〇〇七年も最後に七が付きます。科学的ではないですが、この伝でいけば、次に大きなショックが起こるのは二〇一七年ではないかという俗説がある。もしその通りなら、リーマンショックがアジア通貨危機の何十倍、何百倍ものインパクトをもったことからして、いったい何が起こるのだろうと、今から戦々恐々です。

六つ目として、一九世紀終盤から二〇世紀前半は、世界史における帝国主義の時代でした。帝国主義とは、力の強い国が弱い国の主権を奪い、政治的、経済的に従属させる体制のことです。戦前の帝国主義は非常にあからさまなものでした。要するに植民地支配です。戦前のような露骨な帝国主義は、現在はみられません。さすがに第二次大戦後は、大国がむき出しのパワーで弱い国を支配し主権を奪えば、すぐに批判を浴びてしまう。したがって、そんな愚かなまねは簡単にはしないのです。しかし、別のかたちで今なお大国が小国を縛っていると考えることはできる。

ドミニク・リーベンという帝国史の研究者は、現在のEUで、力の強いドイツが弱小国、とりわけ南ヨーロッパ諸国にさまざまなルールを押し付けている現実を指して、「新しい帝国のあり方ではないか」と言っています。その論が正しいかどうかは、ここでは論じません。しかし、グローバル化の時代には、ルールやマネーを使って直接、間接に大国が小国をコントロールする事態は起きやすくなる、とはいえるのではないでしょうか。

これを帝国主義という名前で呼ぶべきかどうか、議論はあるでしょう。しかし私は、第二次グローバル化がこのような事態を世界各地に生み出すのではないかと考えます。もしかすると、TPPのような地域貿易協定が「新しい帝国」の一つのモデルになってしまうかもしれません。

二つのグローバル化の違い

以上、六つの共通点を挙げました。しかし、歴史は全く同じように繰り返すわけではありません。過去と現在には大きな違いも存在します。

まず、国際通貨制度が異なります。かつての金本位制は、かなり問題のある制度でした。各国の通貨発行量が、その国のもつ金の量によって規定されてしまう。いわゆる「金の足枷（Golden Fetters）」です。したがって、政府が金融政策や財政政策を自由に行うことができず、景気の変動を調整することが極めて難しかったのです。

現在は変動相場制ですので、経済状況が悪化しても、各国はさまざまな政策によって景気の浮揚を図ることができます。これは大きな進歩ですが、変動相場制といってもドルが基軸通貨としてアンカーの役割を果たしているという点は、強調されるべきでしょう。ドルの地位が揺らげば、相場の混乱は起きやすくなります。

二つ目に、第一次グローバル化の時代には、福祉国家の仕組みがまだ未発達でした。したがって、グローバル経済の変動から国民生活を守るには、関税を引き上げるなどの保護主義政策を採るしかありませんでした。

現在は、リーマンショックのような大きな危機が起きても、八〇年前のような極端な保護主義はみられません。政府が福祉にお金を使うことによって経済的苦境に陥った人を助けることができるからです。危機に対応する政府の能力が、昔に比べてはるかに増強されているのです。

ただし、新興国の政府は、まだそれだけの能力を持っていません。先進国でも、財政赤字がひどくなっていますし、新自由主義の考え方が各国政府の中枢に入り込んでいるので、財政赤字をこれ以上増やすべきではない、という声が強い。福祉は大きくなりすぎてはいけないというわけです。したがって先進国でも、セーフティーネットがどこまで維持できるかは未知数です。

三つ目は、ＩＭＦや世界銀行といった国際機関の存在です。これらは国家破産や債務危機に陥った国に融資を行い、世界経済のショックを和らげる働きをしています。

ただ、これについても微妙なところがあります。ＩＭＦも世銀も、困っている国にお金を貸す代わりに、新自由主義的な政策をとるよう強要するようになったからです。ＩＭＦや世銀が世界経済の危機を防ぐはずが、次の新たな危機を準備しているのではないかと思えるほどです。したがって、こうした国際機関がグローバルな経済危機を乗り越える上で本当に重要な役割を果たしてくれるかどうか、非常に疑問と言わざるをえません。

戦前の「大転換」と戦後のブレトンウッズ体制

さて、第一次グローバル化は第一次世界大戦によって終わりを告げました。ニーアル・ファーガソンという歴史家の言葉を借りれば、戦争がグローバリゼーションを「沈没」させてしまったわけです。

その後はどうなったのでしょうか。各国は一九二〇年代に金本位制に復帰して、かつてのグローバル経済を取り戻そうとします。しかし、一九二九年にアメリカで大恐慌が起こった。これがヨーロッパの金融危機へと波及し、一九三一年からは世界恐慌になります。その結果、イギリスを中心にブロック経済化が進み、ドイツやイタリアは統制経済に移行していきます。

ただし、一九三〇年代以降についていえば、ドイツやイタリアだけでなく、アメリカやイギリスでも、政府が国民経済への強い統制力をもつようになった。ですから、自由経済と統制経済というふうに簡単に色分けはできない。グローバルに展開する自由経済から政府主導のナショナルな統制経済へのこうした移行を、ハンガリー生まれの経済人類学者、カール・ポラニーは「大転換」と呼びました。

その後の世界が最終的に第二次大戦に行き着いたのは、周知の通りです。

戦後もしばらくは、各国による経済管理の時代が続きました。GATT（関税及び貿易に関する一般協定）が結ばれ、各国の関税を引き下げる交渉はありました。しかし、一九五〇年代から七〇年代は、どの国の関税も現在よりはるかに高かったのです。為替に関しては固定レートがとられ、変動はなかった。資本移動についても厳しく制限されていました。これをブレトンウッズ体制といいます。

この体制をつくったのはアメリカのホワイトやイギリスのケインズです。彼らは、ホットマネーの流入がいかに戦前の世界経済を不安定にさせたか、深く認識していた。したがって、戦後の制度設計にあたっては、国境において資本を厳しく管理すべきだと考えたのです。当然、貿易や資本移動の比重も下がります。こうして各国、各地域の主体性や自立性が高まっていく時代のことを、「脱グローバル化（Deglobalization）の時代」と呼ぶことができます。

まとめるとこうです。一九世紀の後半から第一次グローバル化が始まったが、一九一四年をピークに一転、勢いが衰える。一九五〇年代から七〇年代半ばまでは束の間の脱グローバル化の時代だった。そして一九八〇年代から再びグローバル化の時代を迎えた。ここ一五〇年の歴史をこのように整理することができます。

今後の行方

では、二〇〇八年以降、このグローバル化の波は拡大し続けていくのでしょうか。それとも、かつての第一次グローバル化がそうであったように、どこかで崩壊するのでしょうか。

実は、リーマンショック以後、世界の貿易や資本の移動はかなり低調になっています。資本移動のGDP比率は、二〇〇七年の一一・八％をピークに下がり、二〇一二年は四・六％です。ピークから六割もの大幅減です。貿易は一九八五年頃から順調に伸びていましたが、二〇〇八年がピークで、その後は横ばいのようです。グローバル化は明らかに止まっている。少なくとも、これまでのように急速なスピードでグローバル化が進んでいるとはいえないのです。

とはいいながら、現在の危機は一時的なものだという見方もあります。もう四〜五年もすれば世界経済は活況を取り戻すだろう、と。本当にそうでしょうか。ふたたび第一次グローバル化の時代に遡ってみましょう。ここでは二点、指摘します。

一つ目は、先ほども述べましたが、第一次グローバル化が急速なパワーシフトを引き起こしたということです。イギリスなどの先進国から当時の新興国、ドイツや日本へです。このようにパワーの重心がシフトする時、国際社会には大きな攪乱要因がもたらされます。

ストックホルム国際平和研究所が発表している各国の軍事費を見ると、冷戦が終わって軍事費が順調に減っているのはヨーロッパだけです。ドイツもフランスも、冷戦期に比べて軍事費は減った。ロシアもソ連時代から見れば大幅に減っています。しかし、東アジアと中東に関しては、冷戦の終結以降、むしろ伸びる傾向にあります。

特に中国は、経済成長に合わせて軍事費を拡大し続けています。統計を見ると、中国やイランの伸びが大きい。何も中国やイランのみを批判したくて言うのではありません。国が勃興していく時に軍事力が上がるのは致し方ないことです。問題は、このような新しい事態に対応した国際秩序の更新ができるかどうかです。歴史的には、こうした更新はつねに戦争という形を取りました。今回はどうなるのでしょうか。

一九三〇年代の保護主義は歴史的必然

二点目は、グローバル化が各国の所得分配に不平等を生み、社会を不安定にしたということです。結果として何が起こったかといえば、自由貿易の否定に結びつくような国内の運動です。関税を引き上げろ、労働者の権利を守れ、もっと福祉を充実させよ。こうした国内の声が次第に高まり、やがて政治を呑み込んでいくのです。

カール・ポラニーは、このような「社会の自己防衛」が一九三〇年代の「大転換」の真の原因であると述べました。労働者をはじめとする人々は、景気の大きな変動に自分の人生が振り回されることに耐えられない。だから、市場メカニズムの激しい動きに対して反乱を起こすというのです。

もう少し抽象的に言い換えると、こうです。急速で広範なグローバル化、過剰な自由化は、歴史のある段階に差しかかると必ずその反動を生み出す。そして、そのアンチグローバリズムの動きがついには支配的になる。少なくとも第一次グローバル化は、そのようなアクションとリアクションのメカニズムで説明できる、というわけです。

先ほど一九世紀は自由貿易の時代だと述べました。しかし実は、イギリス以外の国は一八七〇年代から段階的に関税を引き上げています。

なかでもアメリカは高関税でした。経済史家のポール・ベロックの推計では、工業製品の平均関税率は四〇％を超えていました。今でこそ自由貿易のリーダーのような顔をしていますが、第二次世界大戦が終わるまでは、アメリカは世界に冠たる保護主義の国だったのです。現在の経済大国の地位を築いたのは、極めて高い関税で国内産業を守ったからです。経済危機のさなかの一九三〇年、アメリカ議会は保護主義的な選択を行い、スムート・ホーレー関税法をつくった。世界経済が崩壊したのはその結果である、といわれます。しかし、アメリカの関税はもともと高かったのです。

よく次のように論じられます。一九三〇年代の各国の保護主義が貿易戦争、通商戦争を招き寄せた。その結果、本当の戦争が起こって世界の平和が壊れた、と。こうした見方は、完全に間違っているとは言いませんが、私は半分程度の正しさしかないと思う。なぜなら、そもそも保護主義は、当時においては避けがたい選択だったからです。

グローバル化が行きすぎて社会が混乱した。そこで労働者や農民は自らの生活を必死に守ろうとした。また、民主主義が進展するにつれ、そうした弱者の声が次第に政治に反映されるようにもなった。当時のこうした状況では、保護主義をとるのは歴史の必然であったと思います。

したがって、保護主義をとったことが失敗の原因だったと考えるべきではないと思います。当時の状況を考えれば、それ以外の選択肢はありませんでした。一九三〇年代の失敗とは、各国が保護主義をとってもなお各国の共存が可能になるような、新たな国際協調の枠組をつくることができなかった点に求めるべきなのです。今後、WTO体制がさらに行き詰まれば、戦前の教訓を思い出さなければならない時が来るでしょう。

格差拡大は戦前の再来

所得や富の格差が拡大し、社会が不安定になると、「グローバル化を制限していこう」「もう少し国家の力を取り戻そう」という運動が巻き起こる。社会の自己防衛が始まるわけです。

ところで、「格差社会」は何も最近になって起こった現象ではありません。アメリカではトップ一%が約二〇%の富を独占しているといいますが、戦前も同じだったのです。上位一%の所得占有率を示したグラフをみると、一九一三年から一九三七年まで高い水準で推移していたことが分かります（**図表5**）。現在の格差社会は、戦前の格差社会の「再来」であり、経済のあり方が戦前型に回帰していると言えます。グローバル化の時代とはそういうものなのです。

図表5　上位1%による所得占有率（国別）

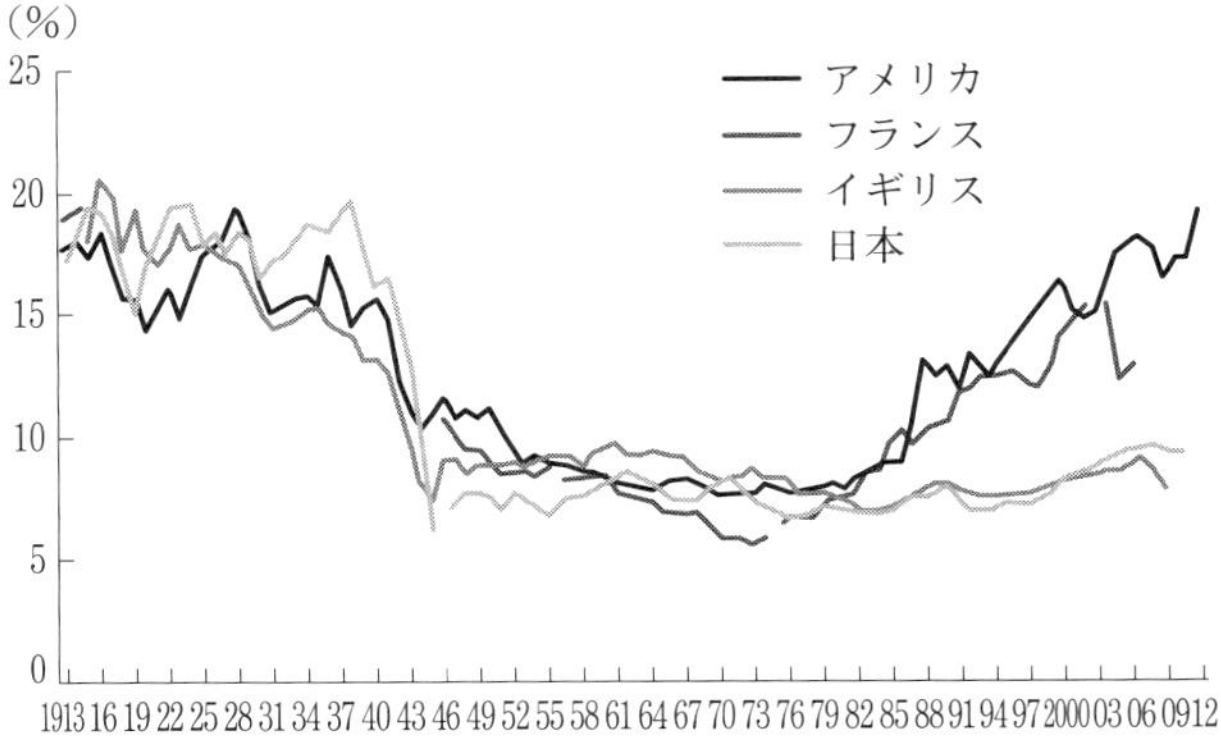

出典：The World Top Incomes Database

ちなみに、上のグラフからは一九五〇年代から七〇年代までのブレトンウッズ期には、どの国でも格差が縮小していたことがわかります。

また、所得格差の拡大とバブルの間にも深い関係があると思われます。現在の世界経済の混乱は、アメリカ、ドイツ以外のヨーロッパ、あるいは中国で大きな不動産バブルが発生し、そして弾けたこととの帰結です。

では、なぜバブルは放置されたのか。最近、ある研究者は次のような仮説を出しています。

所得格差の拡大は、本来であれば再分配の強化で埋めなければならない。しかし、福祉水準の引き上げには、大変な政治的コストがかかります。議会で多くの法律を通したり、予算の割り当てを変えたりと、非常に面倒だ。ならば、資産バブルを起こすか、あるいは放置しておけば、手っ取り早く貧困層の不満を抑えられる。こうした政策的な選択が働いた結果、世界的なバブルが助長されたのだ、と。

各国政府を縛る「黄金の拘束服」

このようにみてくると、ネオリベラルな資本主義やグローバル化には大きな問題があるのではないかと、普通なら思うはずです。

ところが、このようなわれわれの議論は、むしろマイナーなものに留まっています。グローバル化はこれからも続く。フリーマーケットは原則的に正しい。そういうネオリベラルの思想は、今やマスコミのほとんどすべての言説を支配しています。これは日本だけでなく、世界的な現象です。

自由貿易はよく賞賛されます。しかし、その「自由」とは誰にとっての自由なのでしょうか。端的にいえば、国境を越えて活動する投資家や企業にとっての自由です。逆に各国政府は、彼らのビジネス活動に都合のいい政策をとらざるをえない。つまり、政府はいっそう不自由になっているのです。

このことを文学的な比喩として表現したのが、新自由主義のイデオローグの一人、トーマス・フリードマンです。彼は、『レクサスとオリーブの木』という本の中で、世界各国の政府は「黄金の拘束服」を着せられていると述べました。

簡単にいうとこうです。

グローバル化の時代には、国による経済政策の多様性はなくなります。民営化、行政改革、規制緩和、緊縮財政、関税や輸入制限の撤廃。輸出を増やし、外国人に門戸を開放し、株や資産の保有比率を増やすこと。公益事業についても外資の参入を認めること。これらの政策を縫い合わせれば、政府に対する「黄金の拘束服」が出来上がる、というわけです。

これがネオリベラル的な政策論であって、現在のグローバリズムの根本にある考え方なのです。

戦後ブレトンウッズ体制と脱グローバル化

私は、リーマンショックの後もなおグローバル化を進めること、FTAによって自由貿易の流れを速めることは、世界をいっそう不安定で危険な状態に導くのではないかと思います。

このような主張をすると、「グローバル化を批判するお前は鎖国主義者か」という反論がよく返ってくる。しかし、なぜグローバル化への批判が「一〇〇％貿易をしない国」の主張を意味するのでしょうか。要は程度の問題です。ゼロから一〇〇の間の平均が五〇なら、現状の七〇を八〇に、八〇を九〇に水準を引き上げていくのは危ない、せめて六〇に戻そうではないか。こう言っているにすぎません。

そうすることで、貿易と資本移動のメリットを享受しつつ、そのデメリットを抑えることができる。国ごとに政策の自由度を確保し、独自の制度の発展を保証することもできる。このような考え方は、最も常識的であると私には思われます。

今後、世界はグローバル化の時代から脱グローバル化の時代に向かう道を模索すべきです。グローバル化は素晴らしいと考える人にとって、「脱グローバル化」には暗黒のイメージがあるのかもしれない。しかし、脱グローバル化に向かった戦後のブレトンウッズ体制期においては、先進国も途上国も高い経済成長を実現したのです。その時代の資本主義国の人々が不幸だったわけでは決してありません。

ただし、グローバル化から脱グローバル化への転換は、できる限り穏やかになされねばならない。第一次グローバル化の終焉の時のように恐慌や戦争といった極端なイベントを体験せずに、脱グローバル化の時代へと舵を切ることができるかどうか。これが現在の世界の課題でしょう。

とはいいながら、脱グローバル化の安定した時代に向けてソフトランディングすることは非常に難しい。人類は同じ過ちを繰り返すかもしれません。すなわち、リーマンショックを受けても目覚めず、再び金融のグローバル化を進め、もう一度大きなショックに見舞われ、そして国家間の対立が激しくなる――。現状では、こうしたシナリオが実現してしまう可能性が高いと思います。

しかし、これはあくまで未来の話です。われわれがグローバル化の現状について疑問を持ち、そしてそれを正常化していく努力をしていけば、悲劇の繰り返しは避けることができるかもしれません。

国家の多様性とグローバリゼーションの危機——社会人類学的視点から

エマニュエル・トッド

私が歴史家として、また人類学者として照らし出してみたいのは、グローバリゼーションの状況や問題のうちでも、ずばり経済のこととはいえない事柄です。もっと根深いところにあって、経済上の選択を説明する力、つまり、教育や文化、家族システムの動きに属する事柄です。

さらに、それらの事柄を通して、いくつかの問いに答えたいと思います。もっとも、いくつかの仮説を示すというのが実際のところです。最終的な結論を述べるわけではありません。教育や人類学、家族システム、人口学といった次元で考察するグローバリゼーション、これは私にとって目下の研究テーマなのです。ですから、私が述べるのは、どちらかといえば疑問や新しい問いかけ、当面の暫定的な結論といったものです。

まず示したいのは、グローバリゼーションの危機が基本的に先進諸国に特徴的なものだということです。思うに、問題の中核は先進国なのです。これから論証するというか、示唆したいのは、グローバリゼーションの根本問題が、中国のように広大で影響力のある国のケースまでも含めて、新たな国々が世界の表舞台に登場してきたという側面にあるのではないということです。

次に、中長期の見通しを示します。実際、私たちは転回点にいると感じています。ネオリベラルのイデオロギーが存在していますが、これには異議が申し立てられています。このイデオロギーではもはや事がうまく運ばず、世界が経済危機から脱出できずにいるからです。しかしながらここに、私が驚き、注目する事実があります。すなわち、ネオリベラリズム批判がどんどん溢れ出てきている一方で、それにもかかわらず各国の政治システムが無能力だというか、方向転換するのがよほど難しいらしいのです。

そのことを踏まえ、より一層の規制や管理への転換が起こるのはどのようにしてかという点を検討するつもりです。その転換が不可避と思えるからです。私の考えでは、自由競争から規制の強化へ向かう時期もあれば、規制の多い状態から自由競争へと移行する時期もあるのです。そして今は転換の前夜と思うのです。いつ転換が起きるのかを予測することはできませんが、どこで転換が起きるかということについては考えてみたいと思います。新しい解決策や新しい規制の施策が出てくる可能性のある、鍵になる国はどこなのか、ということです。

自由貿易が需要不足を招いた

初めに、経済上の危機の根本的な仕組みに言及しておきましょう。私にとっては極めて明らかなのですが、自由貿易が問題なのです。自由貿易は今や、危機をもたらす要因の一つとなりました。

といっても、話は単純ではありません。歴史家として、また理性的な節度のある人間として話す以上、端的に認めておかなければいけないことがあります。すなわち、自由貿易が良いものである時もあるということです。あるいは、それが始まった当初は良いものだったといってもよいでしょう。ある歴史的段階では、貿易の増大がポジティブな結果をもたらします。それでいて、一定の時間が経過すると、自由貿易が過剰になる時が来て、ネガティブな結果が生まれるのです。

そういう事情があることも手伝って、自由貿易の批判はなかなか難しいのです。ネガティブな時期が訪れても、人々の脳裏には、また実生活においても、以前のポジティブな結果が残っているからです。

実際、自由貿易を正当化する論拠はありますし、その数も多く、なかには優れた論拠もあります。国家間の協同や協力、各国の産業の特化、貿易の有用性といったものです。

現実には、もちろん、自由貿易の本当の原動力となるのは共通利益の最大化などではありません。経済的アクターの行動、企業のミクロ経済上の行動は、資本主義体制においては当然のことですが、最大利潤の追求です。資本主義を正当化する根本の論拠は、利潤追求という人間の悪しき本能から出発して人類の福祉に至る、というものです。自由貿易の正当化も例外ではありません。

では、実際に起きるのはどういう事態でしょうか。自由貿易から、現段階で二つの根本的な問題が出てきています。一つ目は、経済格差の拡大です。これは自由貿易の結果の一つであって、自由主義の経済理論はこの結果を完全に容認します。自由主義経済理論にいわせれば、格差拡大は確かに残念ではあるけれども、富全体が全般的に増加していることに変わりはないのであって、後は経済交流によって増えたその富を何らかのやり方で分配すればよいのです。この点はハッキリしていて、疑問の余地がありません。格差の拡大が理論的に容認されているということを知っておくのは重要です。格差の拡大は悪しきものだけれども、出発点においては必要だと見なされているのです。

ところがここに、自由貿易の帰結であるにもかかわらず、その理論が認めておらず、国際経済の教科書にも出ていないものがあります。それは、賃金競争の拡大がもたらす効果です。その効果によって、結局何が起こるのか？　資本主義が旧来の矛盾に立ち戻るのです。つまり、生産の増大に対し、需要全体が一般的傾向として遅延するのです。

この点をいっそうよく理解するために、まずはおそらく、高成長率や完全雇用があった一九五〇年から一九七五年までの繁栄の数多い事例に注目してみるべきでしょう。

その時代には何が起きていたか。当時はまだ国民経済の時代で、賃金上昇と生産増加がおのずと補い合うような関係にありました。考え方や実際に行われていたことを見ると、ケインズ的な世界であったわけです。もちろん、すべての経済上のアクターがそうしたことを理論化していたわけではありません。しかし、戦後世界の企業の振る舞いを見れば、米国でも、ヨーロッパでも、日本でも、賃金上昇と経済発展を一対の車輪のように意識していたかのようです。賃金上昇がグローバルな需要を生み、生産の増加を吸収できるというわけです。それが完全雇用の世界でした。

さて、自由貿易が生み出す根本の問題は、経済活動の実践の仕方である前に、一つのイデオロギーです。どういうことかというと、企業が、自分たちは国内市場のために生産するのではなく、外部市場のために生産するのだという考えに傾いていくのです。

こうした状況では、輸出貿易をめざす国の企業は、その当然の傾向として、また正当な傾向とさえいえると思いますが、だんだんと賃金を純粋なコストと見なすようになります。賃金は内需に貢献する要素であることをやめてしまいます。それは純粋なコストになり、すると企業は、賃金コストの削減の論理に入っていきます。

次のような世界を思い浮かべていただけばよろしい。あらゆる国のあらゆる企業が次々に賃金コスト抑制の論理に入っていく世界です。そうすると、いうまでもなく、需要が世界規模で不足傾向になります。

その結果として現れるのは、熱に浮かされ、不安に怯え、販路の獲得に追われる世界です。情け容赦ない競争の世界であり、いってみれば、需要不足のせいでたえず経済危機の淵に立たされている世界です。

なるほど、しばらくの間は、グローバル化した資本主義によって見出された一時的な解決策がありました。アメリカの貿易赤字です。アメリカで消費が生産を上回り、それによって世界規模で需要が刺激されるような形になっていました。世界経済を調整していたのはアメリカの貿易赤字だったのです。

アメリカの内需を増やすために、過剰に発達した融資のメカニズムがありましたが、これはある意味、必然性のない「人工的」なものでした。そして、二〇〇七年、二〇〇八年からこの融資のメカニズムが雪崩を打つように崩壊することで、世界は需要不足による本格的な不況に脅かされる段階に入ったわけです。

先進民主主義国で格差拡大が容認された理由

ここで、純粋な経済といいますか、理論上単純化された経済を語るのはやめにし、もっと歴史的な問題を提起します。というのも、今述べた仕組みはあまりにも単純で、経済分析の観点からいって全く面白くない。自明だという、それだけのことなのです。

根本の問題は次のものです。すなわち、なぜ先進社会で、つまりまず米国で、イギリスで、それからドイツ、日本、あるいはフランスといった先進社会で、こうした経済格差の拡大が結局のところ受け容れられたのか。これこそが問われるべきことなのです。なぜなら、今日何が確認されるかといえば、それは、全人口の一％でしかない大金持ちの収入が莫大だということだからです。今日一般に告発されているのは、金融界による寡頭制的支配の出現、ごく一部の超富裕層の出現です。

しかし、そうはいいましても、今挙げた国々はどれも民主主義国です。そのどの国にも投票権を持つ選挙民がいるのですから、今述べたような事柄を各国の人々が受け容れているわけです。激しい反発が起きたためしはありません。

ですから、一%の人々による寡頭制を告発するだけでは不充分だと思います。ネオリベラルのイデオロギーを告発するだけでは不充分なのです。一体どのようにして、先進各国の民主主義社会がそんな寡頭支配を受け容れるようになったのか、また実のところ、今なお受け容れているのか、そこを理解しなければなりません。現在、アメリカ人もイギリス人も日本人もドイツ人もフランス人もみな投票しているわけですが、それでも大したことは起きていない。このことをこそ説明しなければなりません。教育の動向や文化的次元を分析することで事態がよりよく理解できるようになるのは、まさにこの段階においてです。

世界の識字化――経済に先行するグローバリゼーション

それでは、最初に、グローバリゼーション、これをフランス語では「モンディアリザシオン（世界化）」というのですけれども、このグローバリゼーションという概念を手短に振り返りましょう。

グローバリゼーションは一般に、商業貿易や金融取引と、また場合によっては、技術の進展やコミュニケーション手段と結びつけて説明されます。

第一次グローバリゼーションでは、コミュニケーション手段は鉄道や冷凍船、モールス電信やその類のものでした。今日では、インターネットその他で、さらにスーパーコンテナーなどもあります。こうした見方はすべて正しいものです。

しかし、私の考えでは、世界の統一を可能にするもっと重要なものがあります。それは以前には存在しなかったものです。人間世界の統一という前代未聞の事態を作り出すのは、遠からず世界全体が識字化されるということです。大衆教育や識字化の動きが継続しているということです。

この動きは、ドイツで一六世紀の宗教改革とともに始まり、それから西欧全体に広がって、一九〇〇年頃には西欧の若い世代はすっかり読み書きができるようになっていました。その後も、この動きは続きました。二〇三〇年頃には、世界全体が識字化されているでしょう。アフリカも含めてです。これは一旦始まった以上、抑えることのできない動きです。

私は若い頃、歴史家として、識字化についてだいぶ研究したのですが、歴史において非常にはっきりとしていることがありまして、それは、住民が読み書きできるようになると経済が発展し始めるということです。

今でも大変よく憶えていますが、私は一九八〇年代初頭、家族システムと識字化の速度との関係について研究した本を書きました。当時、一九八〇年代初頭に確認されていたのは、アジア・南アメリカ全般の識字化でした。

その本の終章で述べたのは、端的に、世界のそれらの地域で経済が不可避的に開始される、ということだったと思います。いわば必然的な何かがあるわけで、それは当然のことです。

そして、もちろん、識字化は経済の結果ではありません。それは普及・伝播によって進むものであり、ある種の家族システムにおいては、他のシステムよりも早く進みます。とりわけ、女性の地位が高く、家族内にある種の権威関係があるところでは早いのです。

そこに働くのは、家族や文化、教育のあり方によって決まり、経済では説明できない論理です。経済に先行する要因です。

実は、世界の統一をごく簡単に描きますと、現在知られており、使われているような文字は、二度の発明を経ています。一度はメソポタミアのシュメールで、もう一度はそれから一四〇〇年から一五〇〇年後の中国で発明されたのです。それから、文字は世界中に広まりました。そして今、アフリカも含めて、世界のすべての人が読み書きできるようになっていくという人類史上、極めて特別な時期に到達したのです。

私にいわせれば、これこそが世界化現象です。そして、この世界化によって、現在の地球のもう一つ別の根本的な側面が説明できます。すなわち、出生率の低下であり、遠からず世界中のありとあらゆる人々が出産制限を行うだろうということです。

人類全体の出生率の指標、つまり女性一人当たりの子供の数ですが、これは今、二人を少し上回っています。アフリカ諸国では四人を上回ったままです。ごく例外的な国では、まだ六人です。イスラムの国々では、二人から三人、あるいは四人の間です。

したがって、今は特別な時期だといいたいのです。しかもこれは、経済の進展と無関係に起きたことなのです。今後の経済的選択がどういうものになっても、事態は変わらないでしょう。そういうわけで、歴史上、特別な時期なのです。

教育の普及が文化的不平等を生むという逆説

一方、最先進国について、つまり米国、北アメリカ、ヨーロッパ、日本、あるいは韓国について考えるときに興味深いのは、先の世界大戦が終わってから今日までに、教育の分野で起きたことです。

教育の進歩は続きました。紆余曲折があったにせよ、ともかく続きました。経済の進歩よりも安定して、また決定的な影響を与えながら進歩が続きました。

教育の進歩は、中等教育と高等教育の発展でした。最初の段階で、大学生の数が増加しました。そうした教育の進歩は、読み・書き・計算の能力の習得の延長線上にあるものとして、ポジティブなものに見えましたし、実際ポジティブなものでした。ところが、人々が考えもしていなかったことに、社会の均質性や文化的一体性が、ほかでもない中等教育の発展、とりわけ高等教育の発展によって壊されていったのです。

いま社会といったのは、例えばヨーロッパ社会のことです。民主主義の勃興期の社会、あるいは民主主義やネーションが姿を現した社会のことです。民主主義国とも、ネーションともいえるわけですが、どのみち同じことです。民主主義国とは、選挙で投票するネーションのことですから。一九〇〇年から一九五〇年にかけての時代です。アメリカは若干先を行っていましたが、ヨーロッパの国々や、また教育の分野でおおむねヨーロッパに追いついていた日本もそうだと思いますが、それらの国々に住む人々は、極めて均質でした。そのため、誰もが読み書きできました。しかし高等教育を受けた人は極めて少数でした。そのため、そこに住む人々の教育構造は、おのずと民主的だったのです。

特権的な人々はいました。支配階層もありました。しかし、こういってよければ、イデオロギーとしての平等が一つの仮定として存在していて、その仮定は、文化の前で人々が平等だという事実に由来していました。人々が等しい価値の存在だったのです。

これは、極めて強力で、ポジティブな影響を与えるものでした。何しろ、それ以前の歴史は、宗教家やエリート商人の優越性の歴史だったのですから。そういう時代を経て、当時ヨーロッパ社会や日本はようやく文化的平等という状況に辿りついたのでした。

そして、この文化的平等こそが、民主主義や普通選挙を説明し、心理学用語を使うなら、平等の潜在意識と呼べるものがあることも説明するのです。平等の潜在意識は、平等というイデオロギーの前提条件のようなもので、それが政治活動や社会生活の中核にあり、最終的には右派政党にも左派政党にも影響を与えます。

平等の社会的潜在意識を伴うこの種の教育構造によって、例えば第二次世界大戦直後の国民経済の成熟は説明できると思います。この種の平等概念がすべてに先立って共有されていれば、次のような前提で経済が回ります。労働者や従業員に支払われる賃金も国民全体の福利に貢献する要素である、なぜなら労働者も消費者なのだから、という前提です。労働者も皆と同じように国民の一部分を成していたわけです。戦後の民主的な国民統合経済はこういうものだったのであり、これによって完全雇用や定期的昇給が可能だったのです。

しかし、より多くの人が高等教育にまで行けるような、さらに進んだ教育システムのある社会の経済においては、何が起きるでしょうか。

高等教育が進歩の過程にある間は、人はそれも基本的な読み書き能力の発展の延長に過ぎないと考えていることができます。しかし、皆が皆、高等教育を受けるようになるわけではなく、なかには初等教育の先にすら進めない人がいるということに人々が気づいたら、何が起きるでしょうか。人々の中に、格差を当然視するものの見方が芽生えるのです。高等教育の発展がもたらした結果の一つは、平等が当たり前でなくなり、社会の根幹部分に人間は平等か否かという疑問が再び現れるようになったことです。

このことの極めて特徴的な証拠は、「高等教育」の「高等」という言葉の前で、人々が恐れを抱き始めたことにほかなりません。

今や、ＯＥＣＤは統計の中で第三期教育（第一期、第二期、第三期）という用語を採用しています。「初等」「中等」との関係で「高等教育」という言葉は、それ自体、大学教育を受けた人々が優越しているという考えを強く呼び覚ますため、恐れと懸念を抱かせ始めているのです。

しかし、大方の国では、すでに教育普及の停滞期に入っています。米国では、大学進学率の伸びが早くも一九六五年にはほぼ止まりました。つまり、ネオリベラルのイデオロギーが拡大する直前です。学業の不振や、一斉テストのレベルが下がるということさえありました。フランスは一世代分遅れました。フランスで大学進学率の伸びが止まったのは、一九九五年以降です。日本については、大学進学率の伸びが特に著しかったのですが、すでに上限に達したのかどうか、私は存じません。

先進各国で拡がる教育格差

しかし、今はどうなっているか。私は改めて二〇〇七年頃のＯＥＣＤの統計に着眼しました。私はいつも危機の直前に視点を置くのです。古くからあるリベラルな民主主義国の三国、つまり、米国、イギリス、フランスですが、この三つの社会は歴史的に親類のようなもので、とても近しい関係にあります。

リベラルな民主主義が出現したのは、この三つの社会の中ででした。これらの社会の家族構造は極めて個人主義的で、昔から核家族型であり、子供には多くの自由が与えられています。

二五歳から三四歳までの人々、つまり教育の結果を測定しうるうちで最も若い世代に着眼しての統計を見ると、高等教育を受けたのは、米国で四〇%、イギリスで三七%、フランスで四一%です。

これらの数値の違いに大した意味はありません。なぜなら、高等教育の有効性や水準は正確には比較できないからで、ここではおよそ四〇%と捉えておけば充分です。

日本だと、それが五四%に達します。日本は、高等教育の発展においては一番先まで行っていた国なのです。

次にドイツですが、まことに驚くべきものがあります。高等教育は発展するにはしていましたが、非常に緩慢でした。ドイツでは、先に挙げた世代で高等教育を受けたのはわずか二三%でした。つまり、辛うじてイタリアを越えている程度で、教育面では、はるかに発展の遅れた国なのです。イタリアは一八％です。

もちろん、ドイツの場合、高等教育の発展は遅れているけれども、産業における技術習得のシステムには目を瞠るものがあります。しかしドイツには、一般教養のようなものを放棄したというか、拒否したようなところがあります。あたかも、高等教育レベルの教養を拒んで、産業活動に専心したままであったようなところがあります。

こうしたことを少しお話しするには、理由があります。諸々のネーションの振る舞いを研究するのは、私が経済を、ネオリベラリズムが描く抽象的な個人像を通してではなく、現実に存在する集団を通して検討するよう努めているからです。確かに、個人は個人として存在します。経済的合理性というものも存在します。しかし、それぞれに特徴を持つネーションも、集団も、現実に存在しているのです。ですから、個々のネーションを具体的に考察すると、今いったい何が起きているのか、また今後何が起きるのか、そういうことの理解が可能になってくるのです。

それゆえ、日本とドイツを比較することが極めて重要だと私は思います。この両国を例えば人類学的なレベルで比べると、農業から工業（あるいは「プロト工業」というほうが適当でしょう）にシフトした二つのそっくりな社会であることがわかるからです。

どちらの国にも、専門用語で「直系家族」と呼ばれるものがありました。すなわち、息子が親から家族所有の農地を相続する、長子相続制です。次に、両国の間には著しい類似があり、私の考えでは、それによって両国が同じように経済的に発展したことが説明できます。まず、教育の発展における類似性です。ドイツ、続いて日本は、大変スピーディに極めて高い教育レベルに達しました。

それから、家族システムによって種々の能力は受け継がれるわけですが、そのシステムに含まれている諸価値を見ると、なぜドイツや日本の工業システムが堅牢であるのかがわかります。日独の経済の歴史には、比較できる点、類似している点が近年に至るまで夥しくあり、とても数え切れません。ところが、です。グローバリゼーションが具体的な形をとっている今日のこの世界において私が強い驚きを覚えることの一つは、ドイツと日本があらゆる点で異なる道を歩んでいることなのです。

人口統計上の違いはありません。出生率は両国とも低く、女性一人当たり平均で一・四人です。低い理由は同じです。家族を持って子供を持つか、それとも仕事を取るか、どちらかを女性は選ばなければならないからです。ですから、実際に、家族観はかなり近いままなのだろうと思われます。

しかし、教育の原則は本当に――これが第一のポイントです――完全に異なります。このことは、歴史によってしか説明できないと私は考えます。

思うに、このことはヨーロッパの現状を理解するためにとても重要になりますが、ドイツはナチズムの時代、すなわち第二次世界大戦中に、自らの文化システムや知識人を部分的に破壊せざるをえなかったのです。そして、ある意味、ドイツはそのことから未だに立ち直っていません。したがって、ドイツの組織運営には、一種のアンチ教育というか、アンチ高等教育の逸脱が今なお残っています。

それに対して、日本の歴史は、第二次世界大戦中、苦難に満ちたものでしたが、知識人や大学を部分的に破壊するようなことは一度もありませんでした。したがって、日本の辿っている道筋が正常であるのに対し、ドイツの辿っている道筋には逸脱があるのです。

ともあれ、この段階で重要なのは、国々には違いがあるということです。高等教育を受けた人が四〇％いるというのは、高い値です。

しかし、米国、イギリス、フランスの場合、中等教育もしくは技術教育しか受けていない若者が同じ割合だけいます。そして、学業不振の問題を抱える者、あるいは初等教育のレベルに留まったままの者がかなりの割合を占めます。個人主義的なリベラル社会は、極めてオープンな社会ですけれども、実際のところは教育においてこの上なく不平等なのです。

日本とドイツは少し違います。五四%の若者が高等教育を受けているなら、社会には何らかの形の均質性が保たれていることになります。しかしその均質性は完全なものではありません。ドイツは、違う意味で均質です。高等教育が抑えつけられてきたからです。とはいえ、今はどの先進国でも教育が階層化しています。著しい教育上の格差があるのです。その格差によって、これらの社会では、不平等の態度が培われていると思います。私見では、それが不平等の潜在意識なのです。

さて、経済の話に戻ります。これらの先進国が経済格差の拡大を受け容れた理由の一つは、教育や文化のレベルで、それを受け容れる準備ができていたからだと私は思います。教育の中に、格差、不平等があるのです。

私の見立てはこうです。自由貿易の行き過ぎがあり、自由貿易のせいで格差の拡大が促されているという診断を下し、そして国家による規制や統合がもっと必要だということを認めた以上、知識人は、またもちろん政治家も、人々の説得に取りかからなければならないわけですが、その人々が、昔に比べて平等を信じなくなっているのです。

子を持つ親たちは、こうした問題をとてもよく知っています。私が不平等の潜在意識について話すのは、それが政治理論では取り上げられていないからです。実は、親が我が子の勉強や教育に関してどんなに不安になっているかに注目すれば十分です。親がそうした不安を抱くのは、多くのことが勉強や教育に左右されるのを知っているからであり、その様子を見れば、最先進国の社会で、学校での成績がもたらす格差が強迫観念にまでなっていることがわかります。それこそが、不平等の潜在意識なのです。

現状肯定の高齢者

では、なぜ最先進国の社会は格差の拡大に対してこれほど緩慢にしか、これほど微力でしか対応しないのでしょうか。それを理解したければ、現実から目を背けず、近年の資本主義がその実質において、大多数の人々にネガティブな結果をもたらしたわけではないことを認めなければなりません。最も簡単なのは、高齢者の態度についてじっくり考えることだと思います。

先進国の全く新しい特徴の一つは、教育構造だけでなく、年齢構造でもあります。寿命の延長はこれまでにもありましたが、人類史において、人口の平均年齢がこれほど高かったことは、未だかつてありませんでした。

さて、地球上で年齢の中央値が最も高い二つの国民は、日本とドイツです。その点で、両国は同じカテゴリーに入ります。その次のカテゴリーには、フランスとイギリスが来ます。記憶を頼りにいいますと、ドイツと日本の中央値年齢は四四歳か四五歳あたりです。フランスは四〇歳をわずかに超えるくらいのはずです。イギリスもたぶん同じでしょう。米国は三八歳です。それに対して、発展途上国は二五歳か二七歳です。ですから、先進国の人口は信じられないほど高齢化しているのです。

この歴史上の時期を全体として捉え、第一次と第二次のグローバリゼーションを比較すると、第二次グローバリゼーションは、人口の高齢化した最先進国で生じている。その意味で、歴史を振り返っても比較の基準がないということをぜひ理解しておかなければなりません。何しろ、このような人口集団は未だかつて存在したことがないのです。

さて、この人口集団、これを仮に六〇歳以上の人々としておきましょう。私がよく知っている年代です。何しろ、私は六二歳ですから。私はまた、これがただ単に年配の人々というだけでないことも知っています。つまり、それなりの歴史的経験をした世代なのです。

私が子供の頃のフランスを思い出してみると——私がここでフランスについて述べよう

としていることは、日本にいっそうよく当てはまりそうだと思うのですが――、フランスの生活は、とりわけ民衆階層の生活は、信じがたいほど貧乏なものでした。トイレはない、浴室はない、車はない、何もなかったのです。

したがって、現状の実態の一つは、生活水準、とりわけ民衆階層の退職年金生活者の生活水準が上がって、その生活水準が本人たちにとって全く信じがたいものに感じられているということです。若い頃は汚い部屋に住み、トイレもなかったのに、退職後の今は、感じの良い2LDKの公共住宅で、想像だにしていなかった近代的な快適さを味わっているのです。

ですから、こうした世代がこれから状況を変えていこうとするわけはなく、今という時代や現在の世界のイデオロギーとの闘いに乗り出すわけでもありません。なぜなら、現段階において、大幅な生活水準の低下は始まっていないというのが現実だからです。これらの年配者たちが政治システムをかなり広範に左右するわけですが、彼らの生活水準は、あえて申しますが、申し分なく高いのです。

このことは米国にも当てはまります。確かに、米国では七〇歳以上になっても働かなければならない高齢者がいるといわれています。そのことは、ときに事実です。しかし、そのアメリカ社会の現実はどういうものか。なるほど、あの社会はネオリベラリズムの中核にあり、格差の拡大が最も激しく、最も目につき、とどのつまりはイギリス以上にネオリベラリズム革命の原動力となりました。しかし、定年退職後のアメリカ人たち、アメリカの六〇歳以上の人々の生活水準は、現在に至るまで著しく向上してきたのです。

米国には社会保障があります。退職年金があります。実際のところ、世界は壊滅状態にあるわけではありません。確かに、今のままが続くと、状況は壊滅的になっていきます。現段階で確かめられるもの、それはもちろん、経済格差がみるみる拡大している事実です。一%の人々が国民所得を独占する割合がますます大きくなってきているのも事実です。しかしながら、見方を変えれば、国民所得は全員にとって今なお非常に高い水準にとどまっているのです。

さらに、人々は以前ほど平等というものを信じなくなってきています。これは、誰もが教育において平等であるわけではないということ、子供の将来が教育レベルによって非常に異なるということを思い知らされる結果です。そのことも考え合わせると、既存のイデオロギー、既存のシステムが、なぜこれほど強固な抵抗力を持っているのかがわかります。富裕層の影響力はあります。資本はますます影響力を増していて、情報システムもそのうちの一つです。こういったことは、ますます重要になっています。そして今や、生活水準はヨーロッパで下がり始めました。

しかし、根本においては、私はこう思います。有効な手立てを打ちたいなら、方向転換を成功させるには、まず次の事実を受け容れなければいけません。多くの人々は受動的で、現状に対して協力的であり、とりわけ高年齢層はそうだということです。こう述べるからとて、私は誰かを糾弾したいのではありません。何しろ、私自身がその世代の者なのですから。

「自由貿易」という強迫観念

さて、この文化的・歴史的な背景を押さえれば、なぜ二〇〇七年の経済危機の時に大したリアクションが起きなかったのかがわかります。二〇〇七年〜二〇〇八年の危機に対するリアクションは非常に興味深い。

危機の直前、人々は危機という角度からものを考えていませんでした。危機が再びやって来るようなことは決してないと考えていました。しかしそれでも、危機に対して、外見上ケインズ的な反応がありました。政府や中央銀行は、世界中が本当の不況に脅かされていることを悟ったのです。国によってバラつきはありますが、国際協調がありました。それから、政府と中央銀行は不況の拡大を避け、一九二九年や一九三〇年代の大恐慌のような不況やデフレのシステムに突入しないように、必要な対策を取りました。

経済学者がいなければ、世界の状況はもっと健全だっただろうと考えるときもあります。しかしそれでも、あの危機の時期、危機処理に関するケインズ思想の知見が姿を見せました。

しかし、大変面白いことに、あれは一種、右派のケインズ主義のようなものでした。というのも、銀行にお金を投資して、上から支払い方法をつくりだそうとしたからです。あれはケインズ主義ではありません。本当のケインズ主義なら、一般大衆の給料を上げることで再び需要を創出しようとします。第一、需要を増やすには、それが一番効果的なのです。しかし、今日支配的な論理の文脈においては、そうしたやり方は不可能です。かくして、実際に行われたのは疑似的ケインズ主義というか、右派のケインズ主義といったようなものだったわけです。

さて、一番驚かされたのは次のことです。危機が起きた時、国際協議では、需要を再び膨らませて不況を防ぐべく、理に適った方策が取られましたが、その会議のいずれにおいても、自由貿易を守るための声明が出されたのです。これは全く驚くべきことでした。経済危機を間近に見た世界は、ある種の強迫観念に迫られたのか、すぐさま保護主義の脅威を口にし、自由貿易を守らなければ！　と騒いだのです。

もちろん、混乱した状態で保護主義に立ち戻り、慌てて生産システムを混乱させてはなりません。しかし、実のところ、私やその他の多くの人から見て、自由貿易こそが経済危機の原因なのです。したがって、今の状況はまことに奇妙です。世界を救うために集まった人々が、問題が今後もそのまま残るように望んでいるのですから。これは全く特異な状況です。

依然として科学技術を握っている先進国

ここで、世界における力関係の歴史的ビジョンとして私が妥当だと考えるものに話を戻します。そして、本論の導入部で述べたことに取りかかります。さまざまな力関係や地球を揺り動かす危機の中で、先進国と新興国がそれぞれどういう役割を担うのかという点です。

各国における主流の見方がどういうものであるのか、私は知りません。しかし、ヨーロッパにおける支配的なビジョンには通じています。そのビジョンによれば、最先進国は停滞しており、今や状況に追い越されてしまったので、先進国のレベルではもはや大したことは起きまい、ということになります。関心を引くのは新興国の世界であり、いうまでもなく、ますます大きな地位を占めるようになってきている中国です。中国こそ世界レベルで重要な中心的大国であり、米国と張り合うことも、日本に軍事的脅威を与えることもできて、その力量と人口の多さによるインパクトで貿易交渉をする、というわけです。

しかし、私はそのような歴史ビジョンには全く与しない、といっておかなければなりません。私は、世界経済の舵取り、世界経済に関する重要な決定、権力の場は先進諸国にあると強く確信しています。もちろんまず米国、そしてヨーロッパ、日本です。他の国々も両国に追随したわけですが、ほかでもないアメリカとイギリスが、経済的グローバリゼーションを提唱し、自由貿易を押しつけ、産業の国外移転の動きを起こし、自分たちの社会のために選択を行ったのです。この二つの国が牽引車なのです。

科学技術や科学技術の進歩に注目しなければいけません。貿易であるよりも前に、経済は科学技術であり、科学技術の進歩なのです。

科学技術の進歩を測るには、不完全ながらも手立てがあります。特許の出願です。とりわけ、日本、ヨーロッパ、米国で同時に出される三極特許の出願です。特許出願件数を見ると、ごく最近になって少し怪しくなってきましたが、とにかく次のことがわかります。科学技術活動の先進国への集中化は全く損なわれておらず、米国と日本がまずトップで、次にヨーロッパと韓国ですが、これらの国々は以前よりもなお優勢になっています。中国の特許がどの程度の価値を持つのかは私にはわかりませんが、数の上では増えていて、おそらく世界全体の八％に届くでしょう。中国の大幅な技術革新を日常生活で目にしたことがこれまでないため、私にはそれがどういったものなのかはわかりません。

しかし、米国は特許の三〇％を登録するか生み出すかしており、日本も三〇％、ヨーロッパ全体と韓国を合わせて三〇％です。科学技術の革新は相変わらず先進国で行われているのです。これはすこぶる逆説的な現象です。そして、歴史が単純でないことも示しています。何しろ、科学技術の革新を生み出し続けているこれらの国々は、最も古株の国々でもあるからです。

このことは、若い国は古い国よりも常に多くのアイデアを生み出す、という単純すぎる人口学的仮説と食い違います。先進国で発明を行っているのは若者です。古株の国の一握りの若者ですが、しかし、先進国による科学技術のコントロールというか、むしろ科学技術におけるリーダーシップといいましょうか、それはいささかも損なわれていないのです。

人口学からみた中国の暗い未来

ですから、中国の将来について懐疑的な言葉をいくつか述べたいと思います。中国の将来は、私にとって、また大方の人口学者にとってもそうですが、本当に問題が多いのです。人口学の専門家は皆、中国の経済的離陸にかなり懐疑的だと思います。中国の今後の人口学的指標が極めて雲行きの怪しいものだからです。出生率が、急速に、突如として低下しました。また、中国の経済的離陸の時期は、人口学者にはよく知られている人口学的時期に当たります。すなわち、いわゆる人口ボーナスという時期です。子供と老人の数がとても少なく、活動人口が極めて多い特別な時期です。中国の経済的離陸は、人口推移の中のちょうどそういう段階で起きたのです。

しかしこの段階に続くのは、高齢者人口の急速な増加の段階で、これが中国で始まっています。ところが、中国に社会保障システムはありません。しかも、こうした懐疑以上に、人口学者が根本において考えているのは、中国人口の推移が予め計画されていたものではないということです。つまり、中国の人口管理に、賢くて分別のある戦略が欠如しているのです。それは、一種奇妙な代物なのです。

分別のある管理が不在だということが、私は直観するのですが、中国の発展の他の部分にも当てはまるように思われます。中国の発展は成長率の点で目覚ましいものです。中国は発展しています。それは事実であり、また当然でもあります。中国では誰もが読み書きできます。今では教育を受けている人がいます。急速な進歩があります。儒教の伝統を持つ規律ある人々です。

その一方で、中国の発展が持つ極端な特徴は、私個人の見方ではありますが、不健全で、奇妙なものに見えます。

何よりもまず、その形、フォルムにおいてです。というのも、輸出によって中国を発展させるということは、中国共産党の決定ではありませんでした。重要な決定は米国で、それからヨーロッパや日本でなされたのです。外国の投資なのです。中国経済は輸出中心に方向づけられ、特定の品目へ特化され、中国は世界の工場と位置づけられました。それによって、中国の生活水準は向上しました。生活水準を向上させることは大事なことであり、その点については何ら問題ありません。幸いであったといえます。しかし、それらの決定は中国の内発的決定ではありませんでした。広く共有される一般意識というものが伴っていません。

次に投資率ですが、国内総生産の四〇％から五〇％が投資に回されている中国の投資率を見ると、スターリン時代の常軌を逸した投資を私は思い出さざるをえません。理不尽な旧来の共産主義や、実際には全く生産的でない投資がまざまざと思い出されるので、私は非常に大きな疑念を持っています。

先進国と新興国の成長率が意味するもの

私は先ほど、戦後の成長率を消費と生産の補完的な関係によって、賃金の上昇によって説明しました。中国やいくつかの新興国のケースでは事情が異なります。けれども、成長率は極めて高い。

しかし、経済史を研究するなら、また、経済史を人類が新しいもの、新しい生産物、新しい社会形態を発明していく動きとして捉えるなら、経済成長の二つのタイプを区別しなければなりません。現代や未来の文明の姿を決めていく活動に見合う成長をし、新しい形態を発明していく国々と、遅れを取り戻す過程にある国々とを区別しなければなりません。

キャッチアップ型経済成長が生み出す成長率は、四％から一〇％、一五％にもなるでしょう。そこに不思議はありません。なすべきことをひとたび理解した国は、生産が必要なことを知っており、先進国の経済を真似ることができるのですから。遅れの挽回はたやすいとは申しません。それには努力が要るのですから。しかしそれでも、遅れの挽回でしかないことに変わりはありません。

しかし、私が最前列国と呼ぶ国々は、現代の姿を定め、新しい資本主義や経済組織の新しい形を発明していますが、成長率は一％、二％で、最大でも二・五％です。これは典型的に、あらゆる時代におけるアングロ・サクソンの国々の成長率です。しばしば人は、ある時期における米国の成長率を取り上げて、見くびったことを言います。しかし、第二次世界大戦後の米国は、またたぶん今日でもそうでしょうが、現代の姿を定め、新しい形態を発明し、創り出している国の一つです。そういうパイオニアであることこそ、難しいのです。いろいろ試してみなければなりません。失敗もあります。うまく行くものもあります。うまく行かないものもあります。無駄に終わる発明もあります。そういうわけで、成長率が非常に高いということがなかったのです。

ですから、思うに、中国の先を行く、フランスや日本のような立場の国には、遅れの挽回と、最先端の現代国家への仲間入りが同じでないことがよくわかっているはずです。戦後のフランスは、科学エリートがいたという意味ではすでに申し分なくモダンでしたけれども、大きな遅れを取り戻した国でした。そうしてようやく、最前列国に入ったのです。すると、成長率は下がりました。しかし、成長率が下がったまさにそのとき、フランスは再び、原子力や宇宙、航空産業の分野で新製品を開発するようになったのです。

日本のケースは、さらにいっそう明白です。日本の経済が遅れを取り戻すものであった時の成長率は驚異的で、一九八〇年代には、日本は近々世界一の経済になるだろうと考えられていました。それから、成長率はぴたりと止まりました。それから日本は経済危機に入ったと思われています。私にいわせれば、日本はその時、現代というものを創出する国の一つになったのです。ですから、日本の経済危機という考えは、全く逆説的なものです。確かに、成長率は問題となっています。しかし、それはまた、日本の科学技術革新が世界にとって極めて重要になった証でもあるのです。今日、最前列のグループにいる国々の成長率は、通常時、一%から二%、最大でも二・五%だからです。

自由貿易とは隣国同士の経済戦争――EUの経験

さて、経済や社会の長期的見通しに関する考えを先に進めるために、これらの先進国で何が起きるのかをこれから検討したいと思います。最先進の国々が今日も依然として最も重要な国々だと私は述べたわけですが、それでは今、最先進諸国の間で何が起きているでしょうか。

ヨーロッパで起きていることを研究して、結局私に何が見えてきたかと申しますと、それは、自由貿易がそれらの諸国にとって大問題だということです。自由貿易は格差を生みました。しかし、今ではそれはむしろ、最先進諸国間にある種の戦争状態を生み出しつつあります。その状態は隠されていて表面化していませんが、ずっと続いています。

そして、逆説的ながら、それこそがまさに問題なのです。自由貿易のイデオロギーは、自由貿易を平和への手段、国民間の協力として提示します。なるほど、初めのうちはその通りなのです。だからこそ、話がややこしいわけです。初めのうちは、自由貿易は国民と国民の間の貿易です。

それから次に、門戸が最大限に開かれるようになると、自由貿易は国民と国民の間の戦争に、販路を求める熾烈な戦争になります。すると人々は、産業面で互いに相手を破滅させるべく精を出してしまうのです。これが世界の現実の一面です。そして、この現実の一面は受け容れがたいものです。というのも、現在の先進国の世界に見られる逆説の一つは、イデオロギーの面ではとても感じの良い世界だということだからです。もはや人種差別は人々の賛同の対象となりませんし、排外主義は唾棄されます。しかしながら、この世界は、自分のありのままの姿を見ようとしていません。今日の世界は経済戦争の状況にあり、そこでは、経済戦争が社会生活を調節するものとなってしまっています。

このことは、とりわけヨーロッパでは惨い様相を呈しています。これまでの通常のヨーロッパ像とは違ってしまっているのです。私の抱いていたヨーロッパ像ではありません。私はヨーロッパを、平和の地域、リベラルな民主主義の地域、協調の地域と考え、どちらかといえば、アングロ・サクソン流の資本主義に対立するものとして見ていました。私にとってヨーロッパは、社会的連帯のある国家、社会保障、国家の是認、統合の推進といったものの地域でした。しかし、今ヨーロッパで起きていることは、こうした考えに全く逆行しています。

ユーロ圏ではもはや通貨の平価変更はできません。通貨の平価変更ができない地域ないし国家、それがヨーロッパ諸国です。

フランス、ドイツ、イタリアは非常に異なる国々であって、家族構造が違い、伝統が違い、個人の共同体に対する関係が違うのです。ところが、これらの地域は、固定為替システムの中に、ユーロ圏の中に位置しており、このシステムの下でこの上なく相互に敵対的な状況に置かれています。

フランスの経済学者たちは元来、さほど異議を唱えるタイプではありませんでした。その彼らが、ユーロ圏でのドイツの戦略がどういうものであるのかという問題を論じ始めました。彼らが言うには、実のところ、ドイツは産業面でフランスを破壊している最中だというのです。今日、ヨーロッパの現実はどのようなものか？　フランス経済が破壊されつつあります。イタリアも破壊されつつあります。周辺国、つまり南欧の国々、ギリシャ、スペイン、ポルトガルは、ヨーロッパの中心の保護領に変貌してしまいました。

ヨーロッパは今、かつての姿と逆のものになろうとしています。一つの覇権大国を戴く不平等な連合体になろうとしています。覇権大国とはドイツであり、ドイツのための優秀な右腕となっているのがフランスなのですが、そのフランスは、金融システムが守られれば、産業システムが破壊されても構わないという態度です。ヨーロッパはおぞましいものになりました。しかし、フランスの経済学者たちの指摘によると、ドイツが二〇％の賃金抑制、賃金統制によって効果的に事を進めているとしても、その相手は中国ではないのです。中国との賃金格差は一〇倍、二〇倍でしょう。中国との関係に何の影響も与えません。

実のところ、二〇%の賃金抑制は、イタリアに敵対する措置、フランスに敵対する措置であり、効果てきめんなのです。ヨーロッパの現状はこういうものです。

このように、私はついに理解したのです。グローバリゼーション論の決まり文句の一つによると、グローバリゼーションは労働コストの低い新興諸国と先進諸国との衝突だと考えられています。もしかすると根本のところではそうなのかもしれませんが、実際に行われていることを見ると、事態は違います。各国は、近隣国を競争相手にすることで、グローバル化した世界の中で生き延びようとしています。ドイツがどの国を相手に自国の経済や産業、金融のバランスを取ろうとしているかといえば、それは自国のパートナーに対して、つまりフランスに対して、イタリアに対してなのです。

アジアに目を転じても、中国でも、事情は似たようなものだといえるでしょう。中国が自国通貨をコントロールし、レートを維持するとき、その相手はヨーロッパや米国ではありません。相手はタイであり、ベトナムであり、インドネシアです。低労働コスト国が相手なのです。したがって、グローバリゼーションが生み出した経済戦争は非常に特殊な形をとります。最初は、さまざまな海外移転が行われ、人件費の安い国々の競争がありました。しかし、その辿りついた先では、各国が近隣国を潰して生き延びようとしているのです。

解決策はどの地域から出てくるか？

現状分析のポイントをいくつか述べ終えましたから、これから問いを立てたいと思います。すなわち、「事態が一番急速に変わりうるのはどこの国または地域か？　イデオロギー上の変化が一番起きやすいのはどこの国または地域か？」

この問いは、私がヨーロッパについて述べたことからおのずと出てくるものです。ごく最近まで私は、グローバリゼーションに対する抵抗の場、市場が規制され管理される場は、国家の尊重、管理、個々人の統合といった伝統を持つヨーロッパだと考えていました。

また、日本に来るようになってから、ヨーロッパと日本はもっと話し合うべきだろうと、日本とヨーロッパは力を合わせて、アメリカの無謀を、あるいはイギリスの無謀を抑えるべきだろうと、そう申してきました。日本では、ヨーロッパにおけると同様、人々が国家を信頼し、集団を信頼しているからです。格差の拡大も他の地域よりはマシだからです。

ヨーロッパは、経済衝突のゾーンになりました。自由貿易に全く馬鹿げた信頼を置いているゾーンです。現在の世界における奇妙な現象の一つなのです。今日われわれは、大西

洋地域に関しても、太平洋地域に関しても、米国相手に自由貿易の交渉をしている始末で

す。

ル・モンド紙で次のような記事を読みました。その社説で、フランスと米国というか、

要するにヨーロッパと米国の折衝が取り上げられていました。この記事は不可解なもので

した。というのも、条約を求めているのはアメリカであるらしいが、ヨーロッパの側が米

国の特定の方策を挙げて、米国が保護主義的な態度を取っていることを責めているという

からです。

この記事を読んで感じられたのは、米国は自由貿易論を張り、自由貿易的なことを提案

しているにもかかわらず、もはやそういったものを信用していないということです。何し

ろ、自由貿易の論理は破綻しかけているからです。それとは逆に、ヨーロッパは多分にド

イツに管理され、フランスもそれに同意しているわけですが、このヨーロッパは、単純す

ぎる自由貿易論者になっていて、経済思想を持っていません。ヨーロッパの人間として、

ヨーロッパには何も期待するべからずと言うのはいささか辛いのですが、私は自分が現段

階で考えていることを言っているわけで、これはこれで誠実な仕事です。

今後、どういう変化が起こりうるのかを見分ける一番簡単な方法は、おそらく次のもの

でしょう。経済危機への対策において何が起きているのかを見てみましょう。

経済危機に対する対策が活発で、貨幣創出という思い切った金融政策を試みているのは、英米の国々であり、日本です。私の考えでは、それだけでは不充分です。自由貿易体制では、需要の問題を解決するためには、規制や国際協議を増やさなければなりません。しかし、事実として、経済実験を試行中なのは、米国であり、イギリスであり、日本です。

ユーロ圏は旧態依然とした地域です。ユーロ圏は、新しい解決策を探していない地域であり、共通通貨のせいで立ち往生しています。その通貨が作られた時代には、貨幣創出を自由にやり直せることが重要になるとはわかっていなかったのです。

そういうわけで、日本はきっとイノベーションが行われる場の一つになるでしょう。日本には、幸運にもというか不運にもというか、潰すべき隣国がありません。ドイツには潰すべき隣国があります。私はリアリストの観点で述べています。ドイツと日本の経済は極めて効率的です。自由貿易体制において隣国があると、その隣国は潰されます。日本には隣国がありません。唯一の隣国は韓国ですが、韓国は韓国なりに効率的ですし、家族構造や基本的な人類学の観点から見て日本とはすこぶる似通っています。

しかし、日本は日本だけの力では革新を起こせません。

アングロ・サクソンの安定性と可塑性

アングロ・サクソンの国の命運について、とりわけ米国の命運についての所見を述べて本論を終えます。

これから述べることが根本的に誠実な見解表明だということを確認していただきたい。私は二〇〇二年に『帝国以後』（邦訳、藤原書店、二〇〇三年刊）と題する本を書き、出版しました。あの時期、私はブッシュ主導の米国に激しく苛立っていたのです。その本の中で私は金融危機を予想しましたが、その後、それは実際に起こりました。このことを引き合いに出せるのは大きな誇りです。

私は、経済格差の拡大を徹底して批判しています。米国社会においてうまく行っていないすべての事象を明確に意識しています。例えば、刑務所の囚人数、世界的に断トツの投獄件数。黒人に対する人種差別の問題は解決していません。人種間の結婚率は少し上がってきていますが、白人男性と結婚する黒人女性の数の増加は極めて緩慢です。ですから、米国が素晴らしいなどと言い始めるわけでは全くありません。しかし、本論の最後に改めて疑問に付したいのは、米国がただ単に「困った、迷惑な国」だという見解です。

確かに米国とイギリスは共に、グローバリゼーションの主な担い手であり、規制緩和の担い手でした。両国は支配者であり、覇権を握っていました。その上、米国はそういったものを世界に押し付けました。こうもいえるでしょう。一八世紀以来の経済発展の歴史全体が英米による覇権であった、と。まずイギリスの、それから米国の覇権であり、この両国によって、近代における経済の姿は定まったのです。私はフランス人ですから、歴史がよそで作られたと認めるのは辛いことです。何しろ、イギリスは歴史上常に、フランスの一大ライバルなのですから。

ともあれ、近代における経済の姿を定め、近代資本主義の形を定めたのは、イギリスであり、次にアメリカでした。イギリスの覇権は第一次世界大戦以前のことで、通貨はポンドでした。次にドルを通貨とする米国の覇権が訪れますが、それは近年のことでした。そして、ネオリベラリズム革命はアングロ・サクソンの国々から発祥しました。

私が訝しく思ったのは、なぜそうしたことが今後も続かないのか、またなぜ、今後米国で起きるであろうことについて、落ち着いて、かつ有効な形で、じっくりと考えてはいけないのか、ということです。米国は、ネオリベラリズム思想の発祥地で、経済の領域では優れて革新的な国です。ずばりこの米国でこそ、雌雄を決する戦いが行われ、ネオリベラリズムのイデオロギーからの脱却があるのではないか？　この問いは、歴史家にとって、ばかげたものでは全くありません。

私は長いこと、イギリスと米国の歴史について研究するというか、いろいろ問うてきましたが、両国の歴史は極めて独特なものです。その点について、私はまずイギリスに強い印象を受けました。イギリスの歴史には、可塑性といえるようなものがあります。イギリス人は、ある時代にピューリタンかと思えば、別の時代には習俗の面でもとてもリベラルだったりします。それから、その可塑性はまず産業革命に見られます。イギリス人は農業を手放します。それから次に、金融革命があり、イギリス人は工業を手放します。これらのことはすべて、米国でも起こりました。

思うに注目すべきは、人類学者として考えるとき、この可塑性の源が英米の基本的な家族構造にあると判断できる、ということです。英米の世界で支配的なのは、私が「絶対核家族」と呼ぶものです。これは、日本やドイツで見出せたものと正反対のものです。このシステムはまず、子供が親と分離独立することを重視します。世代間の自立が理想とされており、この理想により、長期的観点で実にさまざまな現象を説明することができます。ある時期、イギリスの柱は工業でしたが、それから金融になりました。米国は農業国で、それから工業国になります。これらの社会では社会構造の変化が急速なのですが、それが人々の目に入らないでいます。

目に入らないのは、隠れているからです。英米どちらのケースにも、ある奇妙な要因があるのです。すなわち、制度の安定性です。とにかくイギリスでは、一六八八年以来、つまり名誉革命以来、完璧に制御された立憲君主制が続いています。米国では憲法が改正されたことがありません。それでいながら、両国は変化する社会なのです。つまり、大した政治的安定があります。しかし、その政治的安定の下で、正真正銘の変質が起きているのです。

ティーパーティーは老人の党派

イギリスのケースは脇に置きます。米国史を見てみると、米国を研究するアメリカ人や外国人の歴史家が、第一次アメリカとか第一次アメリカ共和国と言っているのにお気づきになるでしょう。そして、南北戦争、奴隷制廃止、工業化開始以降は、第二次アメリカ、あるいは第二次共和国です。それが、やがてはネオリベラリズムのアメリカになるわけです。つまり米国には、ある種の変わりやすさがあるわけです。

私が驚いているのは、多くの書物の中で、次のアメリカがどういうものになるかについての検討が盛んに行われるようになってきていることです。そういう検討は右派の本となることもあります。例えばベネットとロータスの『アメリカ3・0』です。この本はリバタリアン的観点に立つもので、私の考えとは全く違います。マイケル・リンドの経済史の本もありますが、これはどちらかといえば左派の立場から国家を擁護するものです。さまざまですけれども、私はというと、アメリカは姿を変えようとしている最中なのだと感じています。米国の政治で起きていることを見ると、とても重要な変化があります。

正直にいいますが、『帝国以後』を書いた時、アメリカはブッシュと共に気が変になっていくのだという印象を私は持っていました。そのアメリカは、ひどく喧嘩腰で、対外拡張政策を取り、常にネオリベラリズムを掲げていました。

私は、オバマの初当選には感銘を受けませんでした。人種間の結婚が相変わらず少ない国で黒人大統領というのは茶番に過ぎず、どうかすると、金融危機をある種のやり方で忘れさせるためであるかのようにも見えました。つまり手品です。ちょっとしたトランプのマジックでも、綺麗な女の子が横でいろいろジェスチャーをすると観客はそちらに気を取られて手品師の素早い操作を見逃します。オバマの初当選には、私はそのような印象を持ったのでした。

しかし、彼の再選には感心しました。例の「ティーパーティー」との衝突があり、社会保障問題に関して共和党右派が完全な敗北を喫しました。あれには感銘を受けました。

そして、アメリカ人は経済格差について積極的に書き始めています。一%の最富裕層というテーマを前面に打ち出したのも彼らです。もっとも、最上位一%という概念の出所はむしろフランスだと思います。フランスの若手で気鋭の経済学者トマ・ピケティ（『二一世紀の資本論』の著者）と米国在住のその友人エマニュエル・サエズが共著で出した本の中で、最上位高所得者層の変遷を分析しているのです。

しかし、一%の大金持ちというテーマは、米国から世界へ広がりました。現状に関する批判的文献において、米国発のものの比重は極めて大きい。米国で実施された種々の世論調査を見ると、若者たちのほうが国家の役割を好意的に受け止めていることがわかります。つまり、何かが起きているのです。

また、世代間の分裂は米国でも大変興味深いものです。歴史は世代の交代によって進むといっていいでしょう。新聞や雑誌を見ると、「ティーパーティー」や共和党右派は今もなお拡大中の恐るべき勢力であり、アンチ国家の理想を掲げて今にも権力を奪回して経済的自由を押し進め、また、口にこそ出さないが、社会保障と黒人に敵対しそうだという印象を受けます。

しかし、現実はどうか。私は「ティーパーティー」の実態についての本を読み終えたばかりなのですが、それによると、「ティーパーティー」は老人の党派です。六〇歳以上の人からなる党派です。ということは、あの党派は、いわばすでに「過去」なのです。アメリカが突如その性質を変え、新しい生き方を試み始めるのを想像してみるのは不可能では全くないし、そうすることを分別のないことだなどと私は思いません。

新たなアメリカ

そうすると、このことは何を意味するのでしょうか。アメリカ人は、右派であろうと左派であろうと、もはや自由貿易や市場を信頼していないと私は思います。このことは、ジェームズ・ガルブレイス（ジョン・ガルブレイスの息子）の著書の中で的確に研究されています。タイトルは『捕食国家（The Predator State）』で、その中でガルブレイスは、おめでたい左派の幾人かだけが未だに市場を信頼しているのであって、誰もが、右派のためであれ、左派のためであれ、重要なのは、国家を牛耳って自分の利益のために利用することだと承知している、と指摘しています。

ですから、本当に何か興味深いものがあると思います。ごく最近の事件で私が注目したのは、イランのような国に対する米国の態度の変化です。もしアメリカが自らと異なる価値観で生きる国々に対しても再び寛容になろうとしているのだとしたら、それは、フランス人や日本人にとっても非常に重要な意味を持つと思います。自由貿易のイデオロギーは、普遍主義的であろうとするイデオロギーであり、地球全体に同じものを求めます。地球全体が、アメリカの理想、個人主義的な理想のようになるべきだというわけです。それで出てきたのがブッシュであり、米軍をイラクに派遣して民主主義を打ち建てるという話になったのでした。

しかし、このところ姿の浮かび上がってきているアメリカは、おそらくもっと謙虚で、自国がかつてほど強大でないとわかっています。これは、世界の多様性に対して再びもっと寛容になろうとしているアメリカなのかもしれません。ところで、もちろん、規制のプロジェクトが世界中の国家間の協力によってなされるべきものであるなら、世界各国の社会の多様性を受け容れるということが、その計画の前提条件の一つになります。自由貿易からの脱却とは、さまざまな社会の多様性を見ようとしないイデオロギーからの脱却です。

そして、アメリカが社会の多様性を再び受け容れ始めるなら、そのアメリカは好転するのです。

自由貿易の抑制と米国との同盟は両立する

アメリカがもはや自由貿易を本当には信頼せず、世界の多様性に対してもっと寛容な見方に立ち戻ろうとしているなら、何をわれわれは思い描けるでしょうか。まず、現行の自由貿易に関する議論について、まともな見方ができるようになります。私の個人的見解では、今や実は誰もが、自由貿易を今以上に促進してもさらに問題が増えるだけであることを知っています。そこで、こう言いたくなるわけです。アメリカ人たちはおそらく惰性で自由貿易を要求しているのだろうと。あるいは、安心したいがためにそうしているのだろうと。何しろ、このところ相当の年月にわたって、世界における米国のリーダーシップと自由貿易の受け容れとがセットで考えられてきたからです。

私が思うには、この点を述べて結論としたいのですが、この結論に私は自分自身とフランスを念頭に置いて辿りついたのですけれども、たぶん結局は日本にも当てはまる結論だと思います。要するに、もしわれわれが世界の多様性、ネーションの多様性を受け容れるのなら、われわれは米国のこともまた、独自の特徴を持つ国家として、あるがままに受け容れる必要があるということです。

米国の独自の特徴は、可塑性であり、変化であり、予測のつかない形で道を進む可能性であることを理解しなければなりません。私自身は現在、自由貿易には真っ向から敵対する態度を取っていますが、米国に対しては、むしろ友好的です。歴史を顧みて、米国の地政学的・軍事的役割は、どちらかといえば利益を世界全体にもたらしていると認めましょう。

米国の軍事上の態度にはいくつか不愉快なところがありました。しかしながらアメリカ帝国は、初期の段階では、つまりアメリカが国内市場を開くことでヨーロッパや日本、韓国が発展できた段階では、どちらかといえば、責任感のある有益な帝国だったのです。アメリカ帝国の気がいささか変になったのは、次の段階においてでした。

しかし、アメリカが正気に戻るなら、私は、民主主義とアメリカとの必然的な結束があると考えられると思います。しかし、そうであればこそ同時に、自由貿易というのは極めてまずい考えだと言い、それを拒むこともできるのです。私の意見を言わせてもらえば、例えば日本には、アメリカに永遠の友情を請け合い、かつ自由貿易の推進を拒む手立てがあるはずです。

ヨーロッパの死と「好転するアメリカ」という仮説

もう一度繰り返して念押しをしておきたいのですが、今私が述べたことはすべて推論です。皆さんの判断に委ねるべく述べた問いかけです。もし本当にアメリカが変わりつつあるならば、いうまでもなく、自由貿易に関する議論もまるごと変わるでしょう。

ともあれ、変化の兆しはあるのです。いずれにせよ、これらの予測が当たっていなかったら死んでみせますなどとは言いません。私が言いたいのはただ単に、今はじっくり考え始めるべき時であり、好転するアメリカという仮説を排除してはならないということです。

反面、確かなのは、ヨーロッパに期待しうる最善のことがユーロの崩壊であるということです。その崩壊は、直ちには世界に良い結果をもたらさない性質のものです。私は一つの原則に従って人生を歩んでいます。こう言ってよければ、ヨーロッパは死です。自ら首を括っている最中です。アメリカは不確定性です。ですから、死と不確定性、この二者択一なら、私は不確定性を選びます。

（堀茂樹・宮代康丈訳）

新自由主義と保守主義

中野剛志

グローバルな資本主義を超えるものといえば、とっさに考えれば、もっと大きいもの、たとえば「銀河系資本主義」になります。しかし、私の議論は、「超える」とはいいつつ、ナショナルなキャピタリズムを重視しましょう、という結論になっていくはずです。

不死身の新自由主義

二〇世紀終盤から今日までのグローバリゼーションには、それを正当化するイデオロギーがあります。市場原理主義（Market Fundamentalism）、ワシントンコンセンサス、新古典派経済学（Neo-classical Economics）などと呼ばれますが、一般には新自由主義（Neo-liberalism）といわれています。

グローバリゼーションを思想的な側面から批判するなら、当然、この新自由主義を批判的に捉えねばならない。新自由主義は、一九七〇年代後半から一九八〇年代初頭にかけて急速に台頭し、今なお多くの政治家、官僚、経済学者、経済人、そしてジャーナリストの頭を支配しているイデオロギーといってよいでしょう。

ただ、このイデオロギー自体は非常に単純で、中身のない空疎なものです。それを批判することは簡単で、大学一年生のレベルでも可能です。したがって、そのこと自体は知的にはあまり面白いものではありません。

といって、ここで議論を終わらせるわけにはいきません。確かに新自由主義には、興味をそそられる性格がいくつか見つかるのです。

一つは、なかなか死なないということです。イギリスにコリン・クラウチという有名な政治経済学者がいます。彼の近著のタイトルは『新自由主義の奇妙な不死身（The Strange Non-death of Neo-liberalism）』となっています。

なぜ奇妙なのか。二〇〇八年のリーマンショック、いわゆる世界金融危機をみれば、グローバリゼーション、そしてその背後にある新自由主義の失敗は誰の目にも明らかなはずです。にもかかわらず、あれから五年以上が経っても依然として新自由主義は表舞台から退場していない。失敗したのになぜ強い影響力をもち続けるのか。このことは確かに知的好奇心をそそり、論ずるに値するテーマです。

新自由主義は「保守」なのか?

私にとって、新自由主義に関して特に興味深いと思われる現象があります。それは、新自由主義を唱えてきた政治家、政治勢力、あるいは知識人が「保守（conservative）」と呼ばれることです。彼ら自身も「保守」を自称してきた。

ご承知の通り、一九八〇年代、新自由主義の台頭期にこれを典型的に唱えたのは、イギリスのマーガレット・サッチャー首相、アメリカのロナルド・レーガン大統領です。特にサッチャー首相は保守党の党首でした。彼らの思想はネオリベラリズムと呼ばれますが、同時に「新保守主義（New Conservatism）」とも呼ばれていたのです。

日本でも、八〇年代以降の新自由主義的な改革は、一応は保守勢力に分類される自由民主党によって実行されてきた。特に左翼側からみて保守主義といえば、新自由主義のことになる。これは日本に限ったことでなく、ヨーロッパやアメリカでもそのようです。

しかし、保守が新自由主義を唱えるのは、実は非常に不思議な現象です。保守の源流は、一八世紀のイギリスの政治家、エドマンド・バークの思想にあるといわれます。そのバーク以来、保守は、歴史的に形成された伝統的な共同体、持続的な人間関係、安定した社会秩序を尊重してきた。そのような人や思想を保守と呼んだわけです。

また、保守と新自由主義では人間観が違う。主流派の経済学が想定するのは、原子論的な孤立した個人です。それに対し保守は、自分の生まれた国や共同体がもつ固有の生活様式や文化、国土や環境といったものに制約された社会的存在（Social Being）として人間を捉え、また人間存在はそうあるべきだと考えてきました。

保守と新自由主義の違い

もちろん、保守は自由という価値を尊重します。ただ、保守の尊重する自由は、新自由主義者のいう自由とは意味が違う。新自由主義が理想とする自由は制約のない自由、つまり「消極的自由（Negative Freedom）」です。一方、保守は、ナショナルな文化や環境に制約された自由を尊重します。

新自由主義者が信奉する自由放任の市場（Free Market）は、保守が重視するものや価値をことごとく破壊してきました。たとえば、規制のない自由市場において企業は、合理化に向けて終わりなき競争を突き進んでいく。すると、雇用が不安定化します。その結果、企業組織に所属する従業員の間の一体感が損なわれ、保守が重視する持続的な人間関係が維持できなくなる。

あるいは、新自由主義者は個人の選択の自由を最大限に尊重します。しかし、選択の自由をあまりに追求し続けると、家庭や地域において安定的な人間関係を保つことで自己実現を図ろうという保守の伝統的な価値観を壊しかねません。

さらにいうと、市場を通じた労働者の自由な移動、いわゆる労働市場の流動化を新自由主義者は進めます。これが何をもたらすかといえば、人があちこちへ移動するのですから、地域の共同体の紐帯を弱らせる。そして、社会から疎外された孤独な個人を生み出すことになってしまう。

こうしたことをグローバルな規模で実行するのがグローバリゼーションです。それは当然ながら、各国固有の文化や伝統的な生活様式を崩壊させます。逆にいえば、それらの制約から人間を解放するのがグローバリゼーションであり、新自由主義者はそれを望ましいと考えてきた。要するに、保守が尊ぶものと新自由主義者が望むものとは反対なのです。

他にもおかしなことがある。新自由主義者は、グローバリゼーションは歴史の不可逆の流れであると喧伝してきた。歴史の必然に逆らってもムダだと人々に信じさせてきたのです。ところで、このような歴史観のことを、普通は唯物史観（Historical Materialism）といいます。あるいは進歩主義（Progressivism）ともいう。しかし思想史上、保守あるいは保守主義はこのような考え方を拒否してきたのです。

「新自由主義と結びついたことで保守は死んだ」

このように、新自由主義と保守主義は本来、ことごとく相容れない思想です。にもかかわらず、過去三〇年間、新自由主義を唱える政治勢力は「保守」を自称してきたわけです。そのため新自由主義と保守主義はほぼ同一視された。私にいわせれば、これは思想史上の一大ミステリーないし一大スキャンダルです。

イギリスにジョン・グレイという有名な政治哲学者がいます。当初はサッチャー首相の方針に肩入れしたものの、のちに離れたという経歴をもっているようです。この先生は九〇年代半ばに、「保守は新自由主義と結びついたことで死んだ」と宣言しました。

他方、先ほど紹介したコリン・クラウチ先生は新自由主義は不死身だと言った。一人の先生は新自由主義と結びついて保守は死んだと言い、もう一人の先生は新自由主義は不死身だと言っているわけです。その意味では、新自由主義を唱える保守は、何か恐怖映画に出てくるゾンビのようなものと考えてよいのではないでしょうか。

実際、オーストラリアの経済学者、ジョン・クイギンは、新自由主義の経済学のことを「ゾンビ経済学（Zombie Economics）」と呼んでいます。要するに、新自由主義に取り憑かれて保守主義はゾンビと化したわけです。

もっとも、歴史的にみれば、こうしたゾンビ化現象は、およそ過去三〇年のものに過ぎません。昔は違いました。一九世紀に保守と呼ばれた思想家たちは、今の新自由主義の先祖である古典的な自由主義（Classical Liberalism）や個人主義（Individualism）を、危険思想として、むしろ敵視していたのです。

一九世紀といえば、柴山桂太氏が述べている通り、第一次グローバリゼーションの始まった時代です。その時にもやはり、現在の新自由主義のような市場原理主義の考え方があった。しかし、この時代の保守は、グローバリゼーションにも、その背景にある市場原理主義にも批判的だったのです。

ケインズ、ポラニーの先駆者としてのコールリッジ

一九世紀初頭のイギリスに、サミュエル・テイラー・コールリッジという名高いロマン派の詩人がいました。彼は保守主義者としても知られていました。

コールリッジは、産業革命によって格差が拡大したことを非常に憂えていた。デフレーションについても心配していた。それらの解決策として彼は、政府による積極財政を擁護したのです。

彼はまた、当時のイギリスに広まっていた市場原理主義、あるいは功利主義（Utilitarianism）を批判し、自由貿易にも反対した。当時、穀物法という農業保護の法律があって、これを廃止して自由貿易に転換すべしという議論がされていた。自由貿易の理論で有名なデイヴィッド・リカードは、穀物法廃止論の急先鋒として名を馳せました。コールリッジは、この穀物法の廃止にも反対でした。

また、コールリッジは、労働保護法制に賛成しています。

コールリッジは、過剰な「営利精神（Commercial Spirit）」が金融市場を不安定にし、バブルと金融危機の繰り返しを引き起こすと言っています。それへの対策はというと、根本的には、道徳や宗教心を回復し、過剰になったコマーシャル・スピリットを節度あるも

のに戻すことだ、と彼は主張しました。

驚くべきことに、彼が積極財政や保護貿易を唱えたり、政府の介入や労働者の保護を訴えたりしていたのは、今から二〇〇年以上も前なのです。つまり、ジョン・メイナード・ケインズやカール・ポラニーより一〇〇年以上も前に、市場原理主義はおかしいという議論を展開していたということです。

労働者保護を訴えた一九世紀の保守派

一九世紀の保守についてさらに紹介します。

ベンジャミン・ディズレーリという、保守党の有名な首相がいました。彼は小説家でもあって、『シビル（Sybil）』という社会小説を書いた。その中で彼は、「二つの国民（Two Nations）」という言葉を使いました。彼が言わんとしたのは、産業革命によって格差が拡大した結果、イギリスという国が富める者と貧しい者とに分裂し、その間にコミュニケーションはなく、全く別の国民のようになってしまった、ということです。

つまり、ディズレーリのような保守主義者は、ネーションの一体性、ネーションの凝集性（Social Cohesion）を守りたかった。格差の拡大によるネーションの分裂は、保守にとって堪え難いことなのです。今日、格差の拡大を懸念し、労働者の保護を訴えるのはいわゆる左翼の人たちです。しかし、一九世紀においてその立場は、保守の政治家や思想家たちも担っていたのです。

ほかにも、トーマス・カーライルやジョン・ラスキンなど、思想史上、保守と目される人たちが、市場原理主義や自由貿易論、拝金主義や個人主義を批判して、道徳の回復を訴えていました。このように、一九世紀のイギリスの保守主義は、今日の分類でいえば、新自由主義よりもむしろ社会主義に近かったのです。

フランスの知的伝統にも少し触れておきましょう。

ナショナル・エコノミー

一九世紀の保守主義者に、ルイ・ド・ボナールという人がいました。彼は一八一〇年に「国富論について」というエッセイを書いた。「国富論」とは、言うまでもなくアダム・スミスの著書の『国富論』です。その中で彼は、古典的な自由主義を批判し、国富とは、個人のもつ物質的な富を単純に合計したものではないと述べています。では国富とは何か。ボナールはこう言います。「国の政治的または宗教的な法から発生する国民のさまざまなパワー、あるいは国民の道徳的な力、これが本当の意味での国富である」と。

この見解は、一九世紀のドイツの経済ナショナリストとして有名なフリードリヒ・リストの見解と非常によく似ている。リストもまた保護主義を唱え、産業政策を説いて、国民統合を訴えた人です。

彼は、イギリスの経済自由主義――今日で言う新自由主義――に対抗して、グローバル・エコノミー――彼の言葉でいえばコスモポリタン・エコノミー――ではなくナショナル・エコノミーが大事であると主張した。ちなみにハジュン・チャン氏の著書のタイトル、『はしごを外せ（Kicking Away the Ladder）』（日本評論社）はリストの言葉です。エマニュエル・トッド氏も、最近、日本で刊行された『自由貿易という幻想』（藤原書店）という本の中でリストに注目しています。

リスト自身が保守なのかどうか、議論の余地はあります。しかし少なくとも、イギリス発の経済自由主義に対抗しようとして彼が打ち立てた経済理論は、一九世紀のイギリスやフランスの保守主義の経済観に通ずるということは指摘できます。

「保守でない」と告白しているハイエク

さて、二〇世紀に入ると全体主義や共産主義が台頭してきます。これらに対抗して自由を守るべく、保守は自由主義者たちと共闘するようになった。ここで保守は自由主義のほうに確かに近づくわけです。それでも、一九七〇年代後半までは、保守はいわゆる新自由主義には懐疑的だった。たとえばアメリカの保守派、アーヴィング・クリストルは、ネオリベラリズムのイデオローグであるミルトン・フリードマンを批判しています。

同じ頃、イギリスの保守党の政治家、イアン・ギルモアは、ネオリベラリズムのもう一人の大物、フリードリッヒ・フォン・ハイエクを批判していた。しかも、ハイエクのほうは、『自由の条件』という著書の中で、「私は保守ではない」と明確に言っている。彼は、「一九世紀の保守は自由主義に懐疑的であった。むしろ社会主義に近かった」と、極めて正確に指摘しています。

要するに、新自由主義最大のイデオローグであるハイエクが自ら保守でないと告白しているにもかかわらず、なお新自由主義に固執し続ける保守派の振る舞いは、ほとんどストーカー行為と言っていい。ハイエクは嫌がっているのだから、離れてあげればいいのです。

保守と新自由主義はなぜ結びついたのか？――一九七〇年代の状況

では、明らかに相性の悪かった保守主義と新自由主義は一九八〇年代以降、どうして結びつくようになったのか。いろいろな解釈がありえますが、ここでは私の心当たりをひとつ述べます。

一九七〇年代の先進国はスタグフレーションに苦しんでいた。インフレーションと不況の同時発生です。これに加えアメリカは、ベトナム戦争、財政赤字の肥大化、人種差別、ウォーターゲート事件といったさまざまな問題を抱え、政府への信頼は失われていた。

そのさなかの一九七五年、アメリカの保守派とされる政治学者のサミュエル・ハンティントンが、フランスの社会学者、ミッシェル・クロジェ、日本の政治学者、綿貫譲治とともに共同研究を発表しました。そこで先進国が抱えている難題をめぐって「統治能力(governability)の危機」という問題を取り上げたのです。

ハンティントンはこう診断しました。七〇年代のアメリカが統治能力を失いつつあるのは、六〇年代に民主主義が高揚しすぎたせいである、と。どういうことか。ベビーブーム世代の若年層が六〇年代に爆発的に増加した。彼らは、平等主義の価値観に基づいて既存の権威に挑戦するようになった。大量の若者がウッドストックに集まったりしたわけです。

ハンティントンは、こうした現象をみて眉をひそめた。彼らは権威に反抗して政治への参加や福祉の充実を要求しているが、責任は取らない。そのような民主主義のあり方は「行きすぎた民主主義」であるというのです。

そして、こう考えます。民主主義が過剰になった結果、一般大衆の求めに応じて政府がいろいろ面倒を見なければならなくなった。そのため財政赤字が拡大し、インフレが起きた。政府の権威はすっかり失墜したので、公務員の労働組合が賃上げ要求とストライキを繰り返しても抑えることができない。それがまたインフレを起こしている、と。

さらに、財政赤字が膨らめば、普通は増税をしなければならない。しかし、過剰な民主主義のもとでは誰も増税に賛成しない。したがって、ますます財政赤字が膨らむ。こう診断したハンティントンは、政府の統治能力を回復させるため、民主主義を節度あるものに抑制すべきだと論じたのです。

民主主義を抑制するとは、言い換えれば、エリートによる統治の復権を図るということです。つまり、一般大衆に過剰な政治参加を認めない代わりに、エリートがもっと経済や政治を律していこうという含意があるわけです。

確かに思想史上、保守は、ノブレス・オブリージュの精神に溢れた伝統的なエリート層によるパターナリスティックな統治――父権主義的な上からの統治――を好むと見なされてきました。民主主義に懐疑的な態度をとる傾向が保守にあるのも事実です。エドマンド・バークはフランス革命を批判することで保守として名を上げたのです。

こうした伝統的な分類法でいえば、ハンティントンの主張は保守的といっていいものです。七〇年代のスタグフレーションで政治が行き詰まるなか、彼が提示した統治能力の危機という見方は、強かれ弱かれ広く共有されていったのではないかと思います。

新自由主義とは統治の放棄

ところが、統治能力を回復させるべく一九八〇年代にエリートが採用したもの、それが何と新自由主義だったのです。

しかも、もっと悪いことに、ハンティントンの考えと違って、エリート層は民主主義の過剰を抑制しなかった。それどころか、このエリート層の新自由主義は、アメリカのレーガン大統領や日本の小泉純一郎首相の政権にみられるように、むしろ過剰な民主主義によって圧倒的な支持を得たのです。

冒頭に述べた通り、新自由主義の理論それ自体は、中身の薄い劣悪なイデオロギーにすぎません。にもかかわらず、八〇年代以降、エリート層はそのようなデタラメなイデオロギーを採用した。

その理由は何か。これはもう、エリート層が劣化したからというほかありません。いや、むしろエリート層が先に劣化したために、ハンティントンが診断したような統治能力の危機が起きたのかもしれない。エリート層が劣化し、統治能力が低下し、さらに劣化したエリート層が新自由主義という劣悪な代物に飛びついた。こういう因果関係なのかもしれません。

たとえばこういうことです。国家が経済に介入し、適切に金融市場を制御し、グローバルな資金移動を規制するには高い統治能力が必要です。規制しすぎるのも良くないが、規制しないのも良くない。ちょうどいい程度に規制するのは、相当の統治能力がないと難しい。発展途上国にはそのような能力がまだないので、うまく規制ができないわけです。

統治能力が弱い国家は市場を放置するしかない。統治者がノブレス・オブリージュの精神を捨て、好きにしてくれと職務を放棄してしまうわけです。つまり、なすに任せよ（レッセフェール）です。このことは、裏を返せば、統治者であるエリートは責任を取らなくていいということです。このような無責任を都合よく正当化するロジックを、何か理論めいたもので提供したのが新自由主義であった、ということなのではないでしょうか。

ちなみに、新自由主義を採用すると、不思議なことに政権が長続きする。たとえばサッチャー政権、レーガン政権、小泉政権です。格差を生み、弱者を増やす新自由主義の政権は、一見、国民の支持を得られずに短命で終わるように思われます。しかし、妙なことに長期政権が多い。

なぜかといえば、なすに任せよの新自由主義を掲げて選挙に勝ち、政権の座に就いたので、政策の結果がどうなろうと責任を負わなくていいからです。したがって、いくら格差の拡大を責め立てても、政権側は「自己責任ですから」と言い逃れる。あるいは、「市場原理ですから。政府は何もできないので、仕方がないのです」と弁明する。選挙民としては政権を批判する口実を失ってしまうのです。

保守はもともと統治の主体としてエリート層に期待していた。しかし、そのエリート層が劣化してしまった。これこそが保守が新自由主義と結びついた理由ではないでしょうか。

一九三〇年代の教訓

さて、現代のグローバル資本主義の問題に目を転じてみましょう。二〇〇八年の金融危機以降、世界は深刻な不況からまだ抜け出ていません。日本は一九九八年からずっとデフレーションに苦しんできましたが、今やアメリカ、ヨーロッパも、デフレーション、あるいはディスインフレーションの危機に瀕しています。

こうしたなか、各国のエリート層は何をなすべきなのか。結論自体は、実はそんなに難しくない。なぜなら、現在のこの大不況（The Great Recession）は、一九三〇年代の大恐慌（The Great Depression）と構造が非常によく似ているからです。柴山氏が述べているように、第一次グローバリゼーションの時代の後に大恐慌があり、今また第二次グローバリゼーションの中で大不況になった。したがって、過去の大恐慌を勉強すれば、現在の大不況を抜け出る道は見つけられるはずなのです。

その大恐慌は、ジョン・メイナード・ケインズやカール・ポラニーが論じたように、市場原理的な経済構造やそれを放置する政策がもたらしたものです。大恐慌を克服するための政策も、すでにケインズやポラニーが明らかにしてくれている。簡単にいえば、公共投資を増やし、社会保護（Social Protection）を施すことです。つまり政府の経済介入を強化し、市場を制御すればいいのです。

ところが、アメリカ、ヨーロッパ、そして日本においても、現在、エリートたちが採用しているのは、緊縮財政、規制緩和、貿易や資本移動の自由化といった新自由主義的な政策ばかりです。つまり、彼らエリートは、一九三〇年代の歴史の教訓から何も得ようとしていない。せっかくケインズやポラニーが処方箋を書いてくれたのに、そこから学ぼうとしていない。

本来、エリートならエリートらしく、過去の教訓に学び、先人の業績を参考にして手を打てばよいはずです。しかし、彼らは全く逆のことをしている。現在の世界は、実に恐ろしい事態に直面しているわけです。

デフレ対策なき世界の混迷

一九世紀のフランスの保守主義者——といっていいと思いますが——、アレクシ・ド・トクヴィルは、次のような名言を残しています。「過去が未来をもはや照らさないので、精神は暗闇の中をさまよっている」

この言葉は、彼の主著、『アメリカの民主政治』の中に出てきますが、いま問題になっているのは、そのアメリカの民主政治なのです。たとえば二〇一三年一〇月、アメリカの民主政治は、債務上限問題をこじらせて、アメリカを財政破綻寸前にまで追い込んだ。世界恐慌の引き金を引く寸前まで行ったということです。

これは大変なことです。世界恐慌に続く第二次大戦が終わり、ブレトンウッズ体制と呼ばれる新たな国際経済秩序を建設するにあたって、アメリカは中心的な役割を果たした。アメリカあってこそうまくいったのです。ところが、現在のアメリカは、世界経済を再建するどころか、むしろ世界経済の脅威になっている。自国の経済を立て直すことすら難しい状況にあるのです。

では、アメリカに代わって、新自由主義によって壊された世界経済の秩序を再建してくれる国があるかというと、見当たらない。ならばG8が協調して実行できるかといえば、たぶん無理でしょう。G20ではなおさら無理です。

ヨーロッパはどうでしょうか。まずユーロを採用した国は、マーストリヒト条約の制約があって、デフレ不況の恐れがあるにもかかわらず、積極的な財政出動も通貨の切り下げもできない。そのため、東欧や南欧の諸国は、大恐慌なみの高い失業率に苦しんでいる。賢明にもユーロを採用しなかったイギリスは、なぜか自主的に緊縮財政を続けているため、景気が回復しない。その上、スコットランドが独立したいと言い出して、国家分裂の危機にある。

このようにアメリカもヨーロッパも危機的な状況にある一方、日本はまだ恵まれている。というのも、先般の選挙で政権基盤が安定し、マーストリヒト条約のような国際条約による制約もないからです。なのにどういうわけか、日本もまた自ら緊縮財政を始め、規制緩和、法人税減税、労働市場の自由化などの新自由主義的な政策を積極的に推進している。訳のわからない状況になっているのです。

その上、アメリカ、ヨーロッパ、日本のいわゆるエリートたちが今何をしているかというと、まるで世界金融危機やユーロ危機などなかったかのように、自由貿易協定の交渉に夢中になっている。ＴＰＰ（The Trans-Pacific Partnership）や米欧間のＴＴＩＰ（The Transatlantic Trade and Investment Partnership）です。

しかし、世界が大不況に陥っている時に貿易投資協定を結べば、良くても手間の割に効果が乏しい。悪ければデフレや社会格差を深刻化させる。なぜそのようなものに一生懸命になるのか。他にやることがあるでしょう、といわねばなりません。

「大劣化」の時代

要するに、新自由主義に染まりきった現在のエリートは、もはや国民の苦しみには無関心になっているのです。彼ら自身がおそらくグローバル化しており、ノブレス・オブリージュを放棄しているのではないか。グローバルなレベルで統治能力の危機が起きているのではないか。私はそう認識しています。

この時代認識をもとに、人気のある歴史家、ニーアル・ファーガソンの最近の著書のタイトル、『大劣化（The Great Degeneration）』（邦訳『劣化国家』東洋経済新報社、二〇一三年）にちなんで、私は「大劣化仮説（The Great Degeneration Hypothesis）」を提唱したいと思います。略してGDHとでも呼びましょうか。

なぜ世界各国のエリートたちは新自由主義を信じているのだろうか――。もしかすると、この問い自体が間違っていたのかもしれません。有り体にいえば、エリートたちの統治能力が単に劣化しただけなのです。新自由主義を良いものと思って積極的に信じているわけではない。国民経済を統治する本来の義務や責任を放棄したにすぎないのです。とすると、この大劣化は、もしかして一九三〇年代の大恐慌よりも深刻な事態なのかもしれません。

ちなみに、世界大恐慌の一九三〇年代と世界大不況の現在を、政治指導者の顔ぶれで比べてみましょう。当時の主要国の指導者はみな、善かれ悪しかれパワフルで、歴史に名を刻むモンスターばかりでした。アメリカのルーズベルト、イギリスのチャーチル、ドイツのヒトラー、ソ連のスターリン。こういう化け物が揃っていたのです。

今はどうか。二〇〇八年以降の世界の指導者はというと、アメリカはブッシュとオバマ。イギリスはブラウンとキャメロン。フランスはサルコジとオランド。ドイツはメルケル。いずれにせよ大物はいません。大物と言えそうなのはプーチンくらい。この指導者の顔ぶれは、私のいう大劣化仮説、GDHを実証している可能性があるわけです。

いま必要な保守の姿勢

このように世の中が劣化しつつある時代において大事にすべきものは、本当の意味での保守主義ではないでしょうか。

時代が劣化しているからこそ、過去を振り返り、歴史の英知に学び、失われつつあるものを惜しみ、良きものを破壊から守ろうとする。これが保守の姿勢です。このような意味での保守こそが、新自由主義のゾンビから世界を救い出すことのできる唯一のものかもしれない。私はそう思っています。

グローバリゼーションは不可避でも不可逆でもありません。グローバル化が結局のところ大劣化に過ぎないのならば、それに抵抗すべきであると考えます。実際、歴史を振り返ってみても、世の中が悪い方向に向かっている時に、その流れを止めようとして頑張った人たちが「保守」と呼ばれてきたわけです。

その意味で、グローバル資本主義を超えるためには、前に進むのでなく、立ち止まる、あるいは後ずさる、そういった方向を考えることも必要になるのではないかと思います。

第Ⅲ部　自由貿易とエリートの劣化

E・トッド＋中野剛志＋堀茂樹

堀　まずはお二人を紹介します。エマニュエル・トッド氏は著名な歴史学者、人口学者、家族人類学者であり、世界的に重要なオピニオン・リーダーの一人です。トッド氏のメディアでの発言は、フランスでは大きな影響力をもっています。

中野剛志氏は日本の官僚でいらっしゃいます。数年前から批評家、評論家、そして討論者として有名になられ、政治、経済、社会について幅広くご発言をされています。

このお二人が私たちに、知的に豊かな糧をもたらしてくれることを望んでおります。それでは、トッドさんからご発言をお願いします。

自由貿易は解決策どころか危機の原因

トッド　人類の歴史において、現在、グローバリゼーションのことが盛んに論じられています。しかも、単に「グローバリゼーションの勝利」というだけでなく、「グローバリゼーションの危機」というかたちで議論されている。これは大変なパラドックスです。グローバリズムというイデオロギーがこんなにも支配的なレベルに達していながら、グローバリゼーションが失敗の危機にあるというわけですから。

ほとんどの先進国は今、大変な経済的困難に陥っています。二〇〇七年、〇八年から始まった金融危機から抜け出せないでいる。フランスをみても大変具合が悪い。産業界の危機は深刻で、失業率は高止まり。アングロ・サクソンの世界でもやはり失業率は高い。日本の経済は、いわゆるアベノミクスによって立ち直りの兆しが少しあるようです。ドイツは貿易大国として成功を収めていますが、社会としては決して健康状態にあるとはいえない。たとえば賃金の水準を見ても、伝統的な高賃金を維持できなくなって、貧しい労働者層が出現している。

格差の拡大と危機の恒常化、これがグローバリゼーションの帰結としてあらゆる国で起こっていることです。グローバリゼーションの最も大きなマイナス効果です。有効需要の拡大によって失業問題は解決できるというケインズ経済学の理論は、今の状況ではうまく働いていない。しかし、偉大な経済学者でなくとも、このような経済危機が起こることは以前から目に見えていたはずです。

どの先進国もこの危機から抜け出せないのはなぜか。自由貿易がこの危機を脱出する唯一の道だ、という意見が強いからです。実際は、その自由貿易が賃金を引き下げる要因として働いている。にもかかわらず、国際会議はいつも、「自由貿易を守り、そして保護主義と闘わねばならない」という宣言をもって閉会しているのです。

グローバリゼーションの危機と民主主義の危機

トッド　二つ目に申し上げたいのは、グローバリゼーションの危機は民主主義の危機でもあるということです。

第二次世界大戦が終結すると、戦後復興ないし経済成長が起こりました。しかし一方、人間のアトム化という社会現象が起こって、個人の孤立化が進行した。社会を構成する個々人が経済的危機に耐えられない、あるいは対応できないような受動的な立場に追いやられてしまった。個人の孤立化が社会の抵抗力を削いだのです。

そうした中でグローバル化が進行した結果、格差が拡がり、すでに許容範囲を超えています。それが民主主義の脆弱化を引き起こしているのです。自由貿易を規制する方向で考えていかないと、民主主義はますます危機に陥ります。

戦後の民主国家では、識字率が上がり、教育水準が上がった。識字率が上がると高等教育を受ける人口が増え、したがって民主化が進むというシナリオがありました。国によって違いますが、先進国では、現在、若者人口の約四〇％が大学まで進んでいます。しかし、二五％くらいはまだ初等教育の段階にとどまっている。豊かな先進国でも、教育の高等化によってますます富の不平等、いわゆる格差の問題が鋭く意識されるようになってきているのです。

こうしてグローバリゼーションは、経済危機のみならず民主主義の危機をも引き起こしました。有権者の教育水準は上がっています。しかし、彼らは受動的な態度をとっている。つまり、市民社会そのものが危機を受け入れ、危機に甘んじています。その責任の一端は社会のほうにもあるのです。

特にエリートの責任が大きい、と言えます。この脆弱化した社会では、一握りのエリートの行動が決定的な支配力をもつようになっているからです。エリートが裏切るなら、一般大衆は危機のしわ寄せを被ります。人々がアトム化され、どう抵抗していいのかわからない状況では、やはりエリートの責任は非常に大きいと私は考えています。

私は九〇年代、民衆は素晴らしく、エリートは無責任であるというフランス社会の伝統的なモデルについて語っていました。しかし、次の段階では、平等という原則にねじれが生じ、責任が一般に拡散していると言うようになりました。

いずれにせよ、エリートの責任はますます大きく、圧倒的なものになってきています。ですから、中野さんという日本のエリート官僚と、こうして議論できることを私は幸いに思います。私自身も、知識人としてエリート層に属しているということは自覚しています。

堀　大きな問題提起がありました。グローバリゼーションはいろいろな問題を起こしていますが、特に格差の拡大が重要ですね。

自由貿易が主な原因になって賃金が上昇しない。賃金が上がらないと、当然、購買力は生まれませんから、需要が不足し、供給過多になって経済がうまく回らない。経済がこういう状況にあるにもかかわらず、この格差の大きくなった状態が先進各国で何となく受け入れられている。二〇〇八年のリーマンショックでいったん、グローバル資本主義のサイクルが終わったかに見えたが、そうではなかったということです。

また、グローバリゼーションの危機は民主主義の危機として見ることもできる、という指摘がありました。そして、エリートの責任が重大である、と。個人化が極度に進んだ今日、何か解決策がありうるとすれば、それはエリート層から出てくるのではないか。であるなら、エリートの行動の仕方こそが問われるというお話でした。

ローマ法王の新自由主義批判

中野　京都でのシンポジウム（本書第Ⅱ部）も、グローバル資本主義に対する批判がテーマでしたが、グローバリズムに対する批判は、あちこちでなされています。

その中で私が印象的に思ったのは、二〇一三年一一月二六日にローマ法王が発表された「ミッション・マニフェスト」です。法王が異例の激しい言葉で経済について語り、市場原理主義、あるいは新自由主義を批判したというニュースがありました。私はクリスチャンではないですが、興味をもって読んでみました。

法王がおっしゃった内容は、われわれが京都で議論したものとだいたい同じでした。格差の拡大、民主主義の危機、エリートの無責任といったことです。私の書いた『ＴＰＰ亡国論』の内容とも似ていたので、あっ、私の本はバイブルだったのかな、と思ったくらいです（笑）。

法王のお話をいくつか簡単に紹介します。まず、「汝殺すなかれ」という戒律が人間生活の価値を守ったように、われわれは今日、排除と不平等の経済に対して、「汝殺すなかれ」と言わなければならない。要は、グローバル資本主義が人間を殺している。ここまで激しくおっしゃいました。

また、トリクルダウンについても語られた。トリクルダウンとは滴り落ちるという意味です。一部の人が金持ちになれば、その恩恵がみんなに行き渡るという新自由主義者の主張です。何と法王は、「トリクルダウン理論は事実によって証明されていない」と、経済学者よりもずっとまともなことをおっしゃった。

それから、トッドさんがアトム化について話されたように、法王も個人主義の行き過ぎを指摘されました。

私は、これは興味深い事件だと思います。私の知っている限りでは、中世においてローマ法王は国家権力と対立していた。フランスのどこかに幽閉されていたこともあった。ところが、ポストモダンの時代といわれる現在、ローマ法王が批判しているのは国家ではなくマーケットなんです。法王は国家と対立しているのではなく、市場と対立している。国家主義ではなく市場原理主義を批判している。時代が変遷する中で、国家権力よりも市場権力のほうが強くなり、脅威になった。そうして法王の批判の矛先も変わったということです。

ネーションの自殺行為としてのグローバリゼーション

中野　さて、私は神学でなく政治学を研究する者ですので、国家権力のほうについて申し上げます。

そもそもグローバリゼーションは、なぜこんなにやすやすと受け入れられてきたのでしょうか。

少なくとも日本では、グローバル化の時代とは何かと尋ねられると、国家主権が限界に来た時代である、というのが決まり文句でした。国家の枠を超えるグローバル化によって国家主権が制約されるのは結構なことだ、というふうに歓迎、あるいは容認されたのです。というのも、国家主権を何かネガティブなものとして捉える傾向があって、それにグローバル化の風潮が一致したからだろうと思います。

しかし、考えてみれば、わが国も含めて現代の国家は民主国家です。つまり、民主国家の「国家主権」とは「国民主権」のことです。一般の人たちは、国家主権がグローバル化で制約されるというと、「そういう時代が来たんだな」と思う。しかし、国民主権が制約されるといえば、「グローバリゼーションはまずい」と思うはずなんです。なぜそう思わなかったのか、これは一つの問題です。

ここでトッドさんの「グローバリゼーションは民主主義の危機である」というお話につながります。確かにグローバル化は民主主義の危機ですが、それは同時に民主国家、つまり国家の危機でもある。その国家について、より正確にいえば国民国家（ネーション・ステイト）についてもっと深く考えたほうがいいと思います。

堀　ローマ法王について、とても面白い引用をしてくださいました。教会の中心的人物として精神的権威を担っている人が、過剰に自由になった市場を批判した。市場が世俗の権力を握っている、と。

また、国家権力を制約するということは国民の一般意思を制限することにほかならない、というお話も出ました。そして、この国民国家の問題について討議をしてはどうか、と。

トッド　フランシスコ法王の言葉について一言。これはわれわれを大変勇気づけるとともに、意気阻喪させるものでもあります。集団的な信仰の後退として、ミサに行く人の減少という文化的な危機の存在を示しているからです。世俗化ともいえますが、それが人々のアトム化と連動して、民衆が集団で行動を起こすことを妨げる要因になっていることは確かです。

一九九八年の『経済幻想』という本で、私は、経済のメカニズムが不況を引き起こし、ついで国民国家に問題を生じさせている、と述べました。そして、国民ないし国家を再評価することの必要を説きました。当時のステレオタイプは、経済のグローバル化がネーションを破壊するというものでしたが、いわばそれと反対のことを私は述べました。

『経済幻想』の結論として、むしろネーションの自己破壊がグローバリゼーションを加速させているのだ、と述べたのです。要するに、ネーションの自殺行為です。

ネーションは集団の信仰です。集団のクレドがネーションであり、それがステイトを支えている。二〇世紀の歴史では、一つのクレドを共有した集団の行動が、たとえば戦争というかたちでマイナスに働くこともあった。しかし、国家というものを興していく上ではプラスに働く要素でもあったわけです。

ネーションとは国民です。大衆であり、みんなです。一定の領土の中で、一定の教育水準、一定の識字率をもち、一定の価値を共有している。そうしたネーションという共通のクレドがあり、その歴史をみんなで共有し、それでもって一緒に行動を起こすわけです。

現在、教育水準が非常に上がっています。日本では五〇%以上の人が高等教育まで進みます。昔は一〇%程度でしたから、はるかに良くなった。ところが、民衆のメンタリティがどんどん変わり、アトム化している。集団的信仰というもの、それが行動を起こす原動力になるにもかかわらず、です。

もちろん、集団的信仰は疎外の要因にもなります。コミュニズムもナチズムも、やはり集団的信仰だった。「神は存在しない」をテーゼの一つとした共産主義も信仰でした。これはなかなか消滅しないものです。

私は法王の言われたことに賛成です。その正しさを認めます。非合理的な信仰を私は一概に否定するものではないのです。ただ、経済的なメカニズムの明白な力が、われわれの生活のレベルで集団的な信仰を壊している。われわれのメンタリティを大きく変えてしまっている。そういう現実があります。

ネーションへの回帰、これをどうコントロールしていくかがわれわれの課題なのではないでしょうか。実際、ヨーロッパではネーションのヒエラルキー化が起こっている。ネーションの観念にまず回帰したのはドイツです。一九九〇年の東西統一は、ネーションへの回帰がドイツで起こったということを意味します。東への金融の移動が起こり、西が東を吸収したわけですけれども。

ともかくヨーロッパは今、完全にヒエラルキー化されています。上の国と下の国という階層秩序が出来上がっているのです。

民主主義の前提としての価値観の共有

中野　トッド先生が民主主義、集団行動、あるいは集団的なクレドとおっしゃいましたが、私も信仰、価値観、信念について、少し申し上げます。

宗教もそうでしょうが、ネーションも集団です。実は民主政治も、集団行動の一形態なのです。サッカーチームと一緒です。民主主義とは、要するに、多数決というルールをみんなで決めて行動することです。

しかし、考えてみれば、民主主義は実は単純な多数決ではありません。個人が勝手に意見を表明して、最後は多数決で決めるという簡単な話ではない。なぜかというと、確かに多数決で決まりますが、少数派も一応曲がりなりにも納得しないと、民主主義そのものが成り立たないからです。多数派の決めたことに納得しない少数派が、「それならこの国を出て行く」といえば、そもそも国が分裂してしまいます。

したがって民主主義では、何かを決めるとき、多数派は少数派にも配慮する。少数派も、意見の違いはあるけれども、そのグループに留まることには合意をするわけです。

このようなことができるのは、多数派と少数派が価値観を共有しているからです。つまり、民主主義がうまく機能するためには、その前提として暗黙のうちに価値観が先に共有されていなければならないのです。みんなが意見を持ち寄って一つの価値観を決めるのが民主主義であると思われがちです。しかし、実際には順番が逆なのです。価値観の共有が先にある。

ここで大事なのは、その共有する価値観それ自体は民主的に決めることができないということです。それが民主主義の前提であるからです。要するに、価値観がすでに非民主的に決まっている集団があって初めて民主主義は成り立つのです。

その非民主的に決められた価値観を共有する集団の典型がネーションです。戦争があったし、侵略もあった。それでも歴史的に共通の文化を共有している、あるいは共有していると思い込んでいる、そのような集団がネーションです。

日本というネーションでいえば、言語、歴史、伝統、領土をたまたま共有し、北海道に生まれようが沖縄に生まれようが、「俺たち日本人だよな」と了解し合える。フランスでも同じです。言語が多少違っても、肌の色が異なっていても、自分たちは同じフランス人であるという感情を共有しているわけです。

私が「民主主義は国民国家ごとに行われる」と言うのは、まさにここに理由があります。価値観を共有する集団として、ネーションはちょうど都合がいいのです。

したがって世界民主主義というものはうまくいきません。先ほどトッドさんがヨーロッパで起きているネーションのヒエラルキー化について触れましたが、その論点とも関係するかもしれません。

　すなわち、われわれ日本人からみると、ヨーロッパ人はヨーロッパの価値観を共有しているように見えます。細かい違いを抜きにすれば、キリスト教やラテン語文化の伝統などです。しかし、現在、ＥＵがユーロ危機の様相を見せている。このことからも、ヨーロッパといっても、実は、ＥＵレベルでの民主主義を実現するほどには価値観を共有してはいなかったことがわかるんです。

堀　つまり、国民意識のほうが民主主義よりも先にあるということですね。ヨーロッパでは一つのネーション、国民意識を形成していないために、ヨーロッパレベルの民主主義がうまく機能しない。これが中野さんのおっしゃったことの要点です。ほとんど政治哲学の分野に入ってしまうような、非常に面白い議論だと思います。

宿命としてのネーション

トッド　ヨーロッパは知的考察の対象として実に興味深い状況になっています。グローバリゼーションの議論の中で期待されたのとは逆の方向に進んでいるのです。私自身が驚いています。私は自分の判断の誤りを認めざるをえません。

ヨーロッパは、グローバリゼーションに対する一つの城壁としての可能性を期待されていました。すなわち、グローバル化のもたらす不平等といった困難に対し、アングロ・サクソン、つまりアメリカやイギリスよりも強く抵抗できると考えられていたのです。ネオリベラリズムの起源をもつアメリカやイギリスでは不平等が拡がっていた。日本やドイツも、結局、こうした不平等への歩みに加わります。しかし、先進国にあってフランスは、不平等の拡大に最も抵抗していました。

ところが、私が気づいたのは、ヨーロッパが今や、期待されたのとはまったく別のものになろうとしているということです。すなわち、自由貿易のために申し分のない条件を整えようとしているのです。そうなれば逆説的に、国家間の対立が起こってしまう。実際、ヨーロッパは国家間の経済的な対立の可能性をいち早く実現してしまったのです。たとえば通貨の切り下げといった政策手段を各国が手放してしまいました。

自由貿易は原則的には結構なことでしょう。国を開くのも良いことでしょう。しかし、国同士の経済的な競争は、産業面において、本当に死ぬまで闘うという状況を招いてしまいます。自由貿易の最後の局面はそういう惨状です。それはいわば平和の外観の下での戦争です。こうした闘いに最もふさわしい場所がヨーロッパになってしまったのです。要するに、ネーションが消滅し、諸国家が一つに収斂していくという事態は、あってはならなかったのです。

ユーロ圏の現状を見れば一目瞭然です。ここでヒステリックな対立が起こっているのは、グローバリゼーションのイデオロギー、市場での自由競争という考え方が域内で強くなってしまったからです。

こうして脅威を受けた各国は、自分たちの社会の均衡を取り戻そうとして、隣国を潰しにかかります。遠くの国とは闘いません。ドイツは労働力のコストを二〇％削減しようとしていますが、それはユーロ圏の他の国々にとってのマイナス二〇％にほかなりません。これについては中国とほとんど変わりがない。中国は為替を操作することができます。アメリカやドイツに対してではありません。インドネシアやタイなど近隣の国に対してです。

この点は中野さんと合意できると思いますが、重要なのは、こうしたネーションにおける集団的な感情の問題です。ヨーロッパは意識的にそれを乗り越えようとした。いわば無理をして「ヨーロッパ」という集団意識をつくろうとしたのです。その手続きは、たしかに民主的に行われました。私は反対投票をしましたが、マーストリヒト条約にイエスと投票した人のほうが多数だったのです。

ここで政治哲学的な問題を取り上げてみましょう。

ネーションは歴史的に形成されてきたものです。古代・中世から存在していたものではありません。しかし、非常に興味深いことに、ネーションはネーションとしての自らを廃棄するという投票をもはやなしえないのです。いってみれば、ネーションを窓から外に追い出したと思ったら、そいつは玄関から戻ってきたという具合なのです。

言い換えれば、自らの意思にかかわらず、ネーションは存在しているということです。多くの場合、同じ言語、同じ宗教をもつ人類学的な存在がネーションなのです。ネーションには無意識の部分があって、かつ、ネーションは集団意識です。その集団意識としてあることで初めて、ネーションはそれなりに行動することができるわけです。

たとえば、日本人に向かって「日本人以外のものになれ」と言う人が、日本人からどんな受け入れられ方をするか、ちょっと想像してみてください。フランスは今、そうした矛盾した無秩序の状況にあるのです。

堀　面白いお話がお二人から出されました。ヨーロッパについては、アングロ・サクソン流のグローバル化に対して、一つの砦として内部を平和的に保護するはずだったユーロ圏が、近隣国を踏みつけにして自国が生き残ろうとする仮借ない闘いの場になってしまったというパラドックス。

マーストリヒト条約には賛成しなかったけれども、しばらくの間、ヨーロッパレベルでの保護主義を唱えていたトッドさんが、こうした現実をみてのことでしょうが、状況判断を誤ったと自覚しておられるというお話がありました。

また、ネーションは歴史的な産物であるにもかかわらず、人類学的に存在してしまっているというような大変面白い考察がありました。中野さん、これらについてどう思われますか。

EU分裂の予感

中野　聞きながら思ったことを何点か、順不同で申し上げます。

まず、イデオロギーでナショナリズムを乗り越えようという試みが失敗に終わったとき、思った以上にナショナリズムの力が強いことにみんな驚く。実は、これはすでに人類が経験したことです。

ソ連が崩壊したとき、カザフスタンやバルト三国などが一斉に独立していった。私はまだ二十歳くらいでしたが、確かに当時、知識人たちは驚いていました。

冷戦の終結をみて「歴史の終わり」とはしゃいだ人もいました。「グローバル化で国家を超えるんだ。ナショナリズムなんてもう古い」と言う人もいた。ところが、国民国家の数はどんどん増えて、いまや史上最高の数になってしまった。冷戦時代はソ連によって抑圧されていましたが、実はナショナリズムという意識は非常に強く潜在していたことが明らかとなったのです。

二点目として、世界がリーマンショックに襲われた時、私は、これは時代を変える相当大きなインパクトになるだろうと思いました。そのとき考えたことの一つとして、漠然とですが、「EUは遠心力が働いて分解の方向に行くだろうな」という予感をもちました。二〇〇八年か〇九年の段階です。

そして直観的に次のように考えたわけです。

自由貿易をすると、お互いにウィン・ウィンの関係になるように見えます。経済学者もそう言っている。自由貿易はゼロ・サム・ゲームでなくポジティブ・サム・ゲームなので、みんなが豊かになるものだ、と。確かに世界市場のパイが大きくなっている間は、取り分に差はあっても、みんながプラスになります。どこかにマイナスがあっても、それを補うだけのプラスが出る。ところが、世界経済の成長が止まる、あるいは縮んでいく時には、損だけする国が出てきます。

リーマンショックが経済を縮め、長い停滞を生むことは明らかでした。今度は小さくなっていくパイの奪い合いが必ず始まる、したがって自由貿易をやっている国はコケるだろう。ヨーロッパは統合することで完全な自由貿易となっているので、必ず各国の奪い合いになって対立するだろう。そう思ったのです。

これは経済学者が全く言っていなかったことです。彼らは、市場全体が縮んでいる時と、膨らんでいる時の区別をしないからです。

もう一点、イデオロギーの問題に触れますと、ネオリベラリズムに限らずリベラリズム一般に言えることですが、一九世紀以来、自由貿易論者は経済的に豊かになること以外に、もう一つ信念をもっていました。特にアメリカ人にその傾向が強いのですが、自由貿易をすると戦争がなくなるだろうという信念です。

一見、確かにそう思われます。自国から輸出し、他国から輸入する。お互い相手を必要とするので、戦争をしなくなるはずだ、と。イギリスとアメリカは、大西洋を隔てて活発に貿易をしているので、戦争は全く起こらない、というような話です。

逆にいうと、第二次世界大戦が起こったのは、世界恐慌の後に各国が保護主義に走ったからだ、ということになります。この説は歴史学的に見て間違いなのですが、広く信じられている。こうした信念に従って、アメリカは戦後、ずっと自由貿易を進めてきた。安倍首相が「TPPは安全保障にも寄与する」と繰り返すのも、この信念の現れです。

ちなみに、私は保護主義者なので、自由貿易論者から「あいつは単に経済学を知らないだけじゃない。実は戦争が好きなんだ」と思われたようです（笑）。

ところが、実際は逆のことが起きています。いま申したように、自由貿易によって相手国との市場の激しい奪い合いが起こることもある。さらにいうと、自由貿易と安全保障とは関係がない。その実例を、今、われわれ日本人はみているのです。

日本と中国の間は、尖閣諸島や防空識別圏の問題をめぐってかなり危険な状況にある。いつ戦争になってもおかしくない。韓国とも、歴史観の問題でかつてないほど深刻な対立がある。そんななか、日中韓のFTA交渉が先日（二〇一三年一一月）、東京で開かれたのです。戦争をしかかっている一方で、自由貿易の話をしている。要するに、この二つには直接の関係はないわけです。

このようにみてくると、ナショナリズムの問題、自由貿易の問題、リベラリズムの問題について、知識人たちが当たり前のように共有している考え方、あるいは教科書に書いてある知識のかなりの部分が、どうも間違いであるように思われてきます。

社会全体が見えていないエリート

堀　中野さんは、二〇〇八年くらいにユーロ圏は危ないと予見していたわけですね。

トッド　ブラボー、それは大変な炯眼です。

堀　トッドさんは予言者だという評判があります。ソ連崩壊を予見し、金融危機を予見し、「アラブの春」を予見した。けれども中野さんも大した予言者ですね。

トッド　未来との関係でいえば、アラン・マンクの予言はよく外れますよ。統計を駆使して確率を計算するわけですが、だいたい四つに三つは間違いです。

堀　アラン・マンクは、フランスで有名なエコノミストで、早い時期にグローバリゼーション万歳というような本を書いた人です。

トッド　ヨーロッパがソ連に吸収されるという予言もしていました（笑）。そういう彼も、フランスのエリート、超インテリということになっています。

堀　ヨーロッパでも日本でも、エスタブリッシュメントがもう少し深く考えないといけないのではないでしょうかね。エリート層が、グローバリゼーションを受け入れる一種のう思われますか。

誘導装置のようになってしまっている。どうしてこうなってしまったのか。中野さんはど

中野　それは私にも謎です。

ＴＰＰ問題についてあまりにバカげた議論が横行しているので、たとえば地方の講演で、私が間違いを指摘します。すると、聴衆の方々は私の説明を理解して、必ず同じ質問をされるのです。「私は別に教育のある人間ではありませんが、私でもわかるような話を、どうして東京大学を出ている、あんなにお勉強をされた人たちがわからないのでしょうか」と。

私が、「いやいや、東大を出たからとおっしゃいますが、そんなに頭がいいわけじゃない。バカばっかりなんですよ」と答えると、その質問者は「そんなはずはないでしょう」と必ずおっしゃる。私はむっとして、「何であなたにそうじゃないってわかるんですか。私は毎日そいつらと付き合ってるんですよ」と反論する（笑）。こういうやりとりが、ほんとによくあるんです。

逆にいうと、地方の人はけっこうエリート層に期待をしているわけです。けれども、実際は期待に応えていない。理由を一つ挙げると、これはまさに実感として言うのですが、彼らの付き合いの範囲が狭いからです。

たとえば東京大学――別に大した大学ではないのですが、そこを出ます。学友はみんな金融機関、大企業、あるいは官庁に就職する。そして、丸の内界隈、霞が関界隈で彼らの仲間内で付き合いを続ける。そのうちに価値観が限定されていく。

しかし、これは日本に限ったことではない。リーマンショックの後、ロバート・B・ライシュという、アメリカのいい意味でのリベラルの人が書いた『余震《アフターショック》』（東洋経済新報社）という本を読んでいたら、同じようなことが書いてありました。ワシントンの連中は、ウォール街の連中とばかり付き合っている。その狭い世界の中で、「○○社は効率が悪いよな」「今度どこに投資する？」といった話をずっとしている。彼らにとってスラム街の貧しい黒人などは単なる怠け者にしか見えない、と。

日本のエリートはよくアメリカに留学します。留学先は立派な大学に決まっているので、いい暮らしをしている友人しかいない。しかも、その友人たちはみんな新自由主義者。そんなところから帰国した日本人は、「アメリカの友人が『世界はこうなっている』と言ってたよ」といった調子で自慢気に話す。だから、私は「アメリカの友人」には気をつけようと思っているんです（笑）。

実は、こういう本当につまらないことで世の中がうまくいかなくなっている可能性がある。実証したわけでも何でもなく、あくまで私の体感ですが。

堀　それは私の素朴な感覚にも一致します。十数年前のことではありますが、大学の新入生に、「日本の大学進学率はどのくらいか知ってる？」と問いかけたところ、八〇％、九〇％という答えが返ってきました。みんな進学校から来ているからなんですね。実際は今でも六〇％たらずです。

エリートの方向喪失

トッド　今、悟りのようなものを私は得ました。私はフランスのエリートの愚かさを熟知しているのですが、今ここで日本の方々と話していて、突然、フランス人エリートへの同情心が私の心の中に広がってきつつあります（笑）。

日本のエリートに問題があると聞いて、私は動揺しています。歴史上、日本のエリートは、フランスのエリートよりも素晴らしいと思っていたからです。

日本のエリートは明治維新を行った人たちの後継者です。したがって、日本では社会の原動力は伝統的に上から来るものと思っていました。日本の社会は、階層化されていて、規律がある。それは、非常に賢いエリートたちが社会を指揮してきたからだと考えていました。

現在、安倍政権で金融通貨政策が変わって、ヨーロッパでも評判になっています。「アベノミクスを真似ようか」という声もある。なのに、日本のエリートがフランスのエリートのように偽物だなんて、私にはとても信じられません。

一方、フランスには、ときどきエリートを排除するという伝統があります。まず革命がありました。一九四〇年の敗退（ナチスドイツのフランス侵攻）もありました。フランス社会が正常に機能するには、現実にしろ象徴にしろ、エリートのクビを定期的に切る儀式が必要なのです。

フランス社会のモデルは、日本と違って、国民は素晴らしいがエリートは愚かだというものでした。ですから、もちろん経済成長の問題があるにしても、パーフェクトな社会に見える日本ですらエリートに「空虚」の問題があることに驚いたのです。

そんなわけで、不意に私のもとに真理が訪れました。すなわち、エリートであることは難しいということです。私は、エリートに対して優しい気持ちをもつに至りました（笑）。

考えてみましょう。世界がどこに行くのかわからないなか、エリートとしてネーションの舵取りをするとはどういうことなのか。

戦後の先進国は、いくつかの経済的な目標を達成しました。これまでの歴史になかったような消費水準などです。人々は貧困を免れ、生活水準と生活様式は向上しました。この段階において、エリートはどのようにして国の方向を定め、プロジェクトを立てればよいのでしょうか。

歴史的な目標は、同時に形而上学的な目標でもあります。現在、人間はもはや何も信じられないという状況にいます。この精神的「空虚」の問題は、エリートをして、バカげた計画に固着させる。つまり、この時代、彼らが目標を考えるには内在的な困難が伴うということです。

エリートは過去の遺産を引き継いでいます。一九七〇年代、アメリカやイギリスではケインズ経済学が健在でした。一方、ネオリベラリズムのプロジェクトも、当時は完全には不条理であったわけではないのです。

ユーロの夢も、統一の夢でした。私はイデオロギー的な夢はもっていませんが、社会とエリートが機能するためには、夢と、夢に基づくプロジェクトが必要であると思っています。しかし、これは難しい。現在の社会では、人間の条件そのものが問題になっているからです。

というわけで、私は突如、エリートに憐れみをもつようになったのです。社会を指揮しなければならないとは恐ろしいことです。とりわけ、どこに行くべきなのか、先が見えない時に指揮するのは難しい。というのも、社会が混乱し、そこに「空虚」「虚無」という問題が現れているからです。

フランスはバカなテクノクラートを輸出しています。パスカル・ラミー（WTO事務局長）やクリスティーヌ・ラガルド（IMF専務理事）などです。彼らは、経済金融関係の国際機関のトップにいる。その一方で、フランスの経済はガタガタです。通貨システムが経済を破壊しています。これがいわゆるグラン・ゼコール（フランス独自のエリート養成教育機関）を出たテクノクラートの成したことです。決定的な政策は行われていません。彼らにはプロジェクトがない。夢を描くこともできない。しかし、そのダメさ加減はほとんど形而上学的な問題なのではないかと思うのです。

ですから、エリートへの批判を聞かされると、ほとんど同情心のような感情まで湧いてきます。フランス人は世界で一番優秀であるという自尊心をもっている。それゆえ愚鈍さにおいても世界でトップである。そのようなアイロニーに聞こえてしまうのです。

目的不在のアベノミクス

堀　エリートの問題について、これは一つの形而上学的な問題であるというお話でした。中野さん、この点はどうでしょう。

中野　エリートに限りませんが、目的というものがないから憐れな状況になっているとトッドさんはおっしゃいました。ローマ法王もそうおっしゃっているんです。あんまりローマ法王のことばかり喋っていると、布教活動をやっているんじゃないかと思われてしまいますが（笑）。

法王は宗教のトップなので、当然、世俗化を懸念しています。しかし、別に宗教に限らず、超越的なものを完全に否定し、ちっぽけな自分、ロンリーな自分を超えた大きな目的を失えば、倫理は頽廃する。そう受け止めれば、法王の発言もなるほどと思います。

それから、これこそ哲学的な話ですが、法王は、相対主義が増大したのは良くないと何度も言っています。グローバル化したポストモダンの時代の個人主義は、安定した人間関係を弱め、家族の絆を歪める。そのようなライフスタイルは人間をアトム化する、と。

このような時代風潮と新自由主義はぴったり合うんです。新自由主義のいう自由とは、いわゆる消極的自由、ネガティブ・フリーダムです。つまり、フリー・フロム、「何々からの自由」ということです。とにかく束縛さえなければいい、束縛を破壊すれば何かいいことが起こるだろう、という考え方です。

人間は、目的を失ったからといって何もしないわけにはいかない。しかし、何をすればいいのかわからない。そこで、「では、とりあえず束縛を外してみましょうか」という意見が強くなるわけです。日本が国家としての目的を失い、新自由主義が横行したことは、この構造にぴたりと一致しています。

これを今のアベノミクスに当てはめてみましょう。三本の矢といって、一本目が金融緩和、二本目が財政出動、三本目が成長戦略です。最初の金融緩和は実施した。次の財政出動は引っ込めつつある。最後の成長戦略、これは新自由主義的な政策に化してしまった。

このことは非常に面白いんです。まず金融緩和は、とにかくお金さえ流しておけばいいという話です。何の目的に使うかは問わない。

財政出動は予算ですので、目的が必要です。日本をどんな国にしたいのか、そのために政府の予算をどう使うべきなのか。こうした議論をしっかりしないと、財政出動はできない。ところが、それが尻すぼみになっている。つまり、どんな日本をめざすのかという目的が明らかではないわけです。グローバル化への対応という目的が言われますが、それは、要は国境という束縛を外すということにすぎませんから、積極的な目的にはなりません。

結局、やることがなくなるので、最後の成長戦略と呼ばれるものの中身がみんな規制緩和のような消極的なものになる。これまでと何も変わらないのです。こうなってしまう大きな要因は、やはり国家の目的を失ったことにあるのではないかと思います。

目的を見失った官僚

中野　私の身近な経験からもよくわかります。「日本をこうしたい」と言うことが非常にシニカルにみられてしまって、積極的な議論ができないのです。どんな目的かは問わず、とにかく手段ばかり論じる傾向が非常に強い。

もちろん、日本の官僚は知能指数が高く、勉強もできると思います。ただ、大学の時からですが、どんな目的について何を議論すればいいか、そういう方向に頭を使っていない。したがって、TPPをめぐっても、「日本はこういう国になる、ならない」といった議論をしない。でも、彼らは頭がいい。その頭の良さを何に使うかというと、「どうやって反対派を黙らせようか」と（笑）。そんなことには非常に長けています。

政府が何かをしようとするとき、新自由主義のお決まりの言い種で、「政府は万能ではない」とよく言われます。このセリフは、実は、ここ二〇年間、政府の官僚が自ら使い続けてきたものです。この産業を育てたいからこうする、といった積極的な仕事をせずに、その怠惰な姿勢を「政府は万能ではないから」と正当化するわけです。

これは間違った意見です。そもそも政府が介入するのは、政府が万能だからではありません。万能でなくても、事態が深刻化している時には何かをしなければならないのです。

こういったところに、知能指数は高いが目的を見失った連中の憐れさを強く感じます。官僚の頭がいいか悪いか、そんな単純な話ではなく、それこそ形而上学的な議論が必要です。もっとも、マックス・ウェーバーの定義によると、それが官僚というものであるようですが。

堀　超越性の喪失は、エリート層に顕著に現れている現象ですが、われわれ今日の時代の人間すべてが多かれ少なかれ共有している問題ではないか、という気がします。だからといって、かつてのような超越性にノスタルジックに戻るわけにもいかない。そうすると、方向性を失う。「方向」というのは、フランス語で「sens」で、「意味」をも表します。つまり、方向を見失った時代、意味を喪失した時代というわけです。

そんななか、特に政府の官僚が目標を示さず、責任を取ろうとしない。責任があるはずなのに、ないかのような行動に終始しています。

国家を利用する疑似ネオリベラリスト

トッド　いまなおネオリベラリズムのイデオロギーが強固に存在しているというお話がありました。確かに言葉のレベルでは非常に根強く存在しています。政策レベルでも同様です。しかし、世界の現実のほうは、むしろネオリベラリズムから遠ざかろうとしています。

二、三年前、私はジョン・ガルブレイスの息子、ジェームズ・ガルブレイスの『捕食国家（The Predator State）』を読んで、とても驚きました。左翼の人たちのいう「プレデター（捕食者、弱みにつけこんで他人を利用する人）」を実践するネオリベラリストが実際に存在するという話だったからです。アメリカにも、そうした「プレデター」がいるというわけです。

ネオリベラリストが国家に潜り込み、何らかの方法で国富を横取りしている。彼らは市場の言語、ネオリベラリズムの言葉を使い、規制緩和を語る。しかし、大半はそれを信じていない。もちろん、ネオリベラリズムという宗教の信者はまだいる。しかし、信者は指導層においては、もはや多数派ではない。バチカンにおいて枢機卿がほとんどカトリシズムを信じていないというような状況です。

ヨーロッパの状況について申し上げる。まず、公的債務の問題では、借りた人間のほうに道徳性の欠如があるといわれます。貸した側については問われない。マルクスがすでに気づいていたように、富裕な人は公的な債務が大好きです。要は、自らの財産を国債に変えることで安全に保つことができるからです。先進国の大きな問題は不平等です。わずかなパーセンテージの富める人のみが、好んで国家にお金を貸し付けることができるという意味です。

そのメカニズムの全体を考えてみましょう。われわれはフランス国家に税金を払う。徴収された税金は国家予算になる。そのかなりの部分は、債務の利子の返済に当てられます。これは市場の機能ではありません。ちなみに、絶対王政の時代のリシュリューがたっぷり稼いだのは、国家の財から盗み取っていたからです。

現在、先進国の経済は、どこもうまく機能していません。成長率は非常に低い。そのため国家の行う統制は、エリートたちを豊かにする重要な手段の一つになっています。つまり、われわれは、市場原理に立つネオリベラリズムから離れているわけです。

自由貿易についても、すべてがうまくいくという保証はないでしょう。たとえばTPPや、EUとアメリカの間のTTIPのことです。環太平洋や環大西洋という表現になっていますが、そのうち「タイタニック協定」といった名前が付くようになるかもしれません。実際には、タイタニック一号、タイタニック二号といろいろ出てくるでしょう。

しかし現実には、ますます多くの規制がなされています。私の友人、フランソワ・ラングレーは、フランス2というテレビ局のコメンテーターで、決してマージナルな存在ではありません。その彼が、『グローバル化の終焉』という本を出しました。とても明晰な書き方をしています。その中で彼は、経済の開放度などに関する保護主義的な措置をリストにまとめて提示しています。それを見ると、われわれがネオリベラリズムからすでに離れていることが一目でわかります。

もちろん、ネオリベラリズムは今でも問題です。しかし、ネオリベラリズムの仮面を被っているだけの者たちがいて、ネオリベラリズムとは全く違ったことを実践しているのに、それを隠そうとしている、という問題があるわけです。

これは寡占支配とも関係があります。市場でカネを稼ぎ、あるいは何らかの方法で国家からカネを掠め取る。この二つを同じ人間が行っているという点で、フランスの資本主義は、世界で最もバカげた資本主義と化しています。

たとえばこういうことです。フランスの金融体制は問題を抱えていて、一九八〇年代から規制緩和が行われました。銀行を民営化したのです。ところで国家で最も強い階級はというと、財務審査官です。彼らは、自分たちが民営化した銀行の総裁になりました。つまり高級官僚が民間に移り、それを自分のものとして占有したわけです。権力は彼らによって掌握されたままです。

財務審査官になるのは、最も因習に従っている人たちです。つまり、おべっか使いの一番うまい人が一番賢い人として出世するのです。そんな若い官僚が財務省に勤め始めたとき、年老いた財務審査官のほうは民間にいる。そしてより多くの給与をもらっている。彼らが若手に、「あなたも民間銀行に来れば、こんなキャリアを積めますよ」と示すわけです。

こうしたかたちで金融機関が国家を利用するというシステムは、フランス以外にはありません。オランド大統領はこのようなシステムを壊そうとして、失敗しました。

堀　偽りのネオリベラリズムがあるということですね。一部の富裕層が国家という装置を使って、あたかも自由市場主義であるかのように見せかけながら、実は自らの利益を得ようとしているのではないか。そしてそれが、官僚制度と結びついているのではないかというお話です。

似たような現象は日本にもあります。民間議員と称して、どこかの企業のトップが政府の会議に入って、選挙で選ばれた議員よりも世間から注目されている。実際に、「俺が辞めてもいいのか」と脅すというようなことまであった。このような現象を中野さんはどう思いますか。

「官ではなく民」なら良いのか？

中野　いま堀さんがおっしゃったのは、アメリカの経済学者、ジョセフ・スティグリッツが強調する、レントシーキングですね。要は、利権誘導です。

日本の場合、それは次のように行われています。大企業のトップが政府の諮問会議の委員になって、規制の緩和を要求する。たとえば製薬メーカーなら、「医薬関係の規制緩和を早く進めろ、これは消費者のためだ」などと言いながら、実のところ自分たちが儲けるわけです。「市場で自由に競争した結果だから公平なんだ」と彼らは言いますが、実際に行われているのは、特定の大企業に有利なルールをつくることです。

しかも残念なことに、日本の国民は、長い間、こういう意見を支持してきました。この二、三〇年間、何が言われてきたかというと、「官僚がズルをやっている。民間の意見を取り入れないから効率が悪いんだ」ということです。財界の親分も、「民間の知恵を導入しろ」と迫った。そういう風潮があったので、政府の意思決定に私企業のトップが加わることを、国民はむしろ歓迎したわけです。

小泉政権が典型です。要するに、「財務省の勝手にはさせないぞ」と財界の親分が言って、構造改革が進み、国民が拍手喝采した。財界の親分衆が自分たちに有利になるように物事を決めていることについて想像力が働かないほどに、「官僚が悪くて非効率なんだ」という意見が支配的でした。

実際には、民間の企業が意見を出すといっても、官僚が背後で振り付けをしている場合もあった。「国家は良くない、民間はいい」と官民ともに思ってきたわけです。

ロバート・ライシュの本によれば、アメリカでもこういう誤解があるそうです。「成功した企業の金持ちは、お金の儲け方、つまり豊かになる方法を知っているので、国民を豊かにしてくれると思われている」と（笑）。

けれども、私企業が儲かることと国民経済が豊かになることとは同じではありません。

むしろ逆です。私企業が儲けるためには賃金を抑えればいい。一方、国民が豊かになるには賃金が上がらなければならない。その点を論じるべきなのに、世間ではこう言われる。「成功した企業は経済のことをよくわかっているが、官僚はわかっていない。なぜならビジネスの現場にいないからだ」と。そうやって論理がすり替えられている。

企業は輸出をすれば儲かります。しかし、ドイツでもそうでしょうが、輸出を増やすために企業が競争力を強めようとすると、賃金を抑制しないといけなくなる。したがって、日本もドイツも、輸出をすればするほど企業が儲かってGDPも伸びますが、賃金は横ばいです。

このように、いかにもフェアな競争をしているように見えますが、実際には一部の企業が自分たちに有利なように事を運んでいます。

堀 この対談でわれわれはお二人から、グローバリゼーションの現状についての、いわば診断書を出していただきました。処方箋という課題が残っているにしても、大変に有意義なセッションであったと思います。なにしろ、正しく認識するということこそ、有効な実践の前提であり、ベースであるのですから。

おわりに

本書は、二〇一三年一二月に京都で開催した国際シンポジウム「グローバル資本主義を超えて」(Beyond Global Capitalism、主催・京都大学レジリエンス研究ユニット)での議論を中心にまとめられたものです。

このシンポジウムの開催を思い立ったのは、二〇一一年後半から二〇一二年前半頃だったと思います。

当時は、TPP(環太平洋戦略的経済連携協定)への交渉参加をめぐり、国論を二分する議論が展開されていました。今、日本政府はすでに交渉参加していますが、TPPをめぐる議論に直接間接に関与していた当方としては、TPPという存在は、ある社会風潮、社会思想上の深刻な病理の「象徴」であると感じ続けてきました。

それは「グローバリズム」というものは、良いモノだ」という思想であり風潮です。

一旦、そういう「風潮」ができあがってしまうと、一般の人々やエコノミストや学者は言うに及ばず、さまざまな政治家や官僚たちまでもが、その「風潮」にもとづいて意見をもち、実践を重ねていくこととなります。そしてそれは時間を経るごとに「巨大な渦」をかたちづくり、すべての理性的な議論を排除し始めます。そして挙げ句に、世界各国で、文字通りグローバルにその「風潮」は実体化していき、具体的な制度や仕組みがつくりあげられていくことになります。

筆者の章では、そんな「巨大な渦」を、日本のみならず、世界全体を巻き込んで展開する「グローバリズム全体主義」と呼称しました。

そして、その「巨大な渦」の一断面が「TPP」だったのです。

ですから、TPPだけに注目していては、グローバリズム全体主義という「巨大な渦」の全容をつかむことはできません。

「グローバルに展開する巨大な渦」に立ち向かうために、何ができるだろうか?――TPPの諸議論に関わりながら、そんなことを考え、思い立ったのが、この問題を徹底的に「思想的次元」から捉えなおす、「国際シンポジウム」の開催でした。

そうした経緯の下で、グローバリズム、そしてそれを推進するイデオロギーである新自由主義等に対してさまざまな形で批判を展開しておられた、フランス学術界の頂点の一人であるエマニュエル・トッド氏、「ケインズ経済学・発祥の地」であるケンブリッジ大学の経済学准教授であるハジュン・チャン氏を京都大学に招聘すると同時に、これまでさまざまな形で日本国内で議論を重ねて参りました中野剛志氏、柴山桂太氏の協力を得て、今回のシンポジウムを開催することができました。初日は、各先生方から日本の公衆の皆様にご発表いただくかたちで、そして二日目は我々登壇者がじっくりと議論する形で開催いたしました。

議論は、グローバリズムの「弊害」を総括するところからはじまり、そんな弊害をもたらすグローバリズムがなぜ展開されているのかという「社会科学的な論点」に及び、最終的には、それらを踏まえた上で、それをいかにして「超克」していくのか、という形で展開されました。

半年が経過した今から改めてこのシンポジウムについて思い返しますと、筆者の知る限り、現時点において世界で最も包括的、かつ、最も思想的に深みのあるグローバリズムについての議論となったのではないか——というのが、誠に僭越ではありますが、主催者としての偽らざる印象であります。

そんな議論を、こうして一冊の新書にて、日本の読者にお届けできることを、心から嬉しく思います。ついては、シンポジウム開催から本書の発行に至るまでさまざまに協力いただいた株式会社文藝春秋、とりわけ、飯窪成幸氏、西泰志氏に心から感謝の意を表したいと思います。

――今回のシンポジウムは「グローバリズム全体主義」という巨大な渦に対峙するための、小さな一歩です。ついては本シンポジウムの内容は、これから英文で国際出版をする予定です。それと同時に、第一回のシンポジウムでは残念ながら日程の都合でご参加願えなかったノーベル経済学賞を受賞されたジョセフ・E・スティグリッツ教授やナオミ・クライン氏等にも改めてお声がけするシンポジウム第二弾の検討を進めているところです。つきましては「グローバリズム全体主義」に対峙する「グローバル」な展開に日本として貢献していくためにも、日本の読者の皆様方には引き続き、こうした取り組みにご支援いただきますよう、改めてお願い致したいと思います。

どうぞ、よろしくお願い致します。

京都大学レジリエンス研究ユニット長／京都大学大学院教授
藤井　聡

本書は、以下のものを元に編集されました。

編集部

第Ⅰ部　グローバリズムが世界を滅ぼす

初出・「グローバリズムという妖怪」『文藝春秋』二〇一四年二月特大号

収録・二〇一三年一二月三日／於・京都大学楽友会館

第Ⅱ部　グローバル資本主義を超えて

国際シンポジウム「グローバル資本主義を超えて」

二〇一三年一二月二日／於・国立京都国際会館

主催・京都大学レジリエンス研究ユニット（ユニット長・京都大学藤井聡教授）

後援・株式会社文藝春秋

第Ⅲ部　自由貿易とエリートの劣化

「グローバリゼーションの危機」

二〇一三年一二月五日／於・日仏会館

主催・日仏会館フランス事務所

助成・在日フランス大使館

エマニュエル・トッド（Emmanuel Todd）

1951年生まれ。フランスの歴史人口学者・家族人類学者。国・地域ごとの家族システムの違いや人口動態に着目する方法論により、『最後の転落』（76年）で「ソ連崩壊」を、『帝国以後』（02年）で「米国発の金融危機」を、『文明の接近』（07年）で「アラブの春」を次々に“予言”。『デモクラシー以後』（08年）では、「自由貿易が民主主義を滅ぼしうる」と指摘。

ハジュン・チャン（Ha-Joon Chang）

1963年生まれ。経済学者。ソウル大学で経済学を学んだのち、英ケンブリッジ大学で博士号を取得。90年よりケンブリッジ大学経済学部で開発経済学を教える。韓国の新自由主義的経済政策を批判し、中国やインドのいびつな経済発展の脆弱さをも指摘。著書に『世界経済を破綻させる23の嘘』『はしごを外せ』など。

柴山桂太（しばやま けいた）

1974年生まれ。京都大学大学院人間・環境学研究科准教授（経済思想、現代社会論）。京都大学経済学部卒業後、同大学院人間・環境学研究科博士課程単位取得退学。『静かなる大恐慌』で、2つの世界大戦は19世紀末から20世紀前半にかけてのグローバル化（第1次グローバル化）がもたらしたものであり、現在は第2次グローバル化にあたることを指摘。

中野剛志（なかの たけし）

1971年生まれ。評論家。元京都大学大学院准教授。エディンバラ大学社会科学博士。イギリス民族学会 Nations and Nationalism Prize 受賞。経済ナショナリズム研究をもとに、著作を通じて、TPPなど自由貿易推進論の誤謬と、保守主義と経済自由主義を区別することの重要性を指摘。著書に『国力論』『国力とは何か』『TPP亡国論』『保守とは何だろうか』など。

藤井聡（ふじい さとし）

1968年生まれ。京都大学大学院教授（国土計画等の公共政策に関する実践的人文社会科学全般）。内閣官房参与。京都大学レジリエンス研究ユニット長として、本書の元となる国際シンポジウムを主宰。著書に『公共事業が日本を救う』『列島強靭化論』『新幹線とナショナリズム』『大衆社会の処方箋』『強靭化の思想』など。

堀茂樹（ほり しげき）

1952年生まれ。慶應義塾大学総合政策学部教授（フランス文学・哲学）。翻訳家。アゴタ・クリストフの『悪童日記』をはじめ、フランス文学の名訳者として知られる。近年は、日本の政治や社会についても積極的に発言。エマニュエル・トッド氏の友人として通訳を務め、中野剛志氏の良き理解者として、2氏の対談をコーディネート。

文春新書

974

グローバリズムが世界《せかい》を滅《ほろ》ぼす

2014年(平成26年)6月20日　第1刷発行
2017年(平成29年)1月25日　第9刷発行

著者　エマニュエル・トッド
　　　ハジュン・チャン
　　　柴山桂太
　　　中野剛志
　　　藤井聡
　　　堀茂樹

発行者　木俣正剛
発行所　株式会社 文藝春秋

〒102-8008　東京都千代田区紀尾井町3-23
電話 (03) 3265-1211 (代表)

印刷所　理想社
付物印刷　大日本印刷
製本所　大口製本

定価はカバーに表示してあります。
万一、落丁・乱丁の場合は小社製作部宛お送り下さい。
送料小社負担でお取替え致します。

©Emmanuel Todd, Ha-Joon Chang, Keita Shibayama, Takeshi Nakano, Satoshi Fujii, Shigeki Hori 2014　Printed in Japan
ISBN978-4-16-660974-1

本書の無断複写は著作権法上での例外を除き禁じられています。
また、私的使用以外のいかなる電子的複製行為も一切認められておりません。

◆経済と企業

平成経済事件の怪物たち　森　功
税金 常識のウソ　神野直彦
アメリカは日本の消費税を許さない　岩本沙弓
税金を払わない巨大企業　富岡幸雄
トヨタ生産方式の逆襲　鈴村尚久
VWの失敗とエコカー戦争　香住　駿
朝日新聞 日本型組織の崩壊　朝日新聞記者有志
働く女子の運命　濱口桂一郎
無敵の仕事術　加藤　崇

◆世界の国と歴史

新・戦争論　池上　彰・佐藤　優
大世界史　池上　彰・佐藤　優
二十世紀論　福田和也
二十世紀をどう見るか　野田宣雄
歴史とはなにか　岡田英弘
金融恐慌とユダヤ・キリスト教　島田裕巳
新約聖書Ⅰ　新共同訳 佐藤　優解説
新約聖書Ⅱ　新共同訳 佐藤　優解説
ローマ人への20の質問　塩野七生
民族の世界地図　21世紀研究会編
新・民族の世界地図　21世紀研究会編
法律の世界地図　21世紀研究会編
地名の世界地図　21世紀研究会編
人名の世界地図　21世紀研究会編
国旗・国歌の世界地図　21世紀研究会編
常識の世界地図　21世紀研究会編

イスラームの世界地図　21世紀研究会編
色彩の世界地図　21世紀研究会編
食の世界地図　21世紀研究会編
武器の世界地図　21世紀研究会編
戦争の常識　鍛冶俊樹
フランス7つの謎　小田中直樹
ロシア 闇と魂の国家　亀山郁夫・佐藤　優
独裁者プーチン　名越健郎
チャーチルの亡霊　前田洋平
イタリア人と日本人、どっちがバカ？　ファブリツィオ・グラッセッリ
イタリア「色悪党」列伝　ファブリツィオ・グラッセッリ
第一次世界大戦はなぜ始まったのか　別宮暖朗
イスラーム国の衝撃　池内　恵
グローバリズムが世界を滅ぼす　エマニュエル・トッド ハジュン・チャン他
「ドイツ帝国」が世界を破滅させる　エマニュエル・トッド 堀　茂樹訳
シャルリとは誰か？　エマニュエル・トッド 堀　茂樹訳
世界最強の女帝 メルケルの謎　佐藤伸行
日本の敵　宮家邦彦

文春新書

◆政治の世界

日本人へ　リーダー篇　塩野七生
日本人へ　国家と歴史篇　塩野七生
日本人へ　危機からの脱出篇　塩野七生
新しい国へ　安倍晋三
アベノミクス大論争　文藝春秋編
小泉進次郎の闘う言葉　常井健一
国会改造論　小堀眞裕
日本国憲法を考える　西　修
憲法改正の論点　西　修
憲法の常識　常識の憲法　百地　章
日本人が知らない集団的自衛権　小川和久
拒否できない日本　関岡英之
世襲議員のからくり　上杉　隆
民主党が日本経済を破壊する　与謝野　馨
司馬遼太郎　リーダーの条件　半藤一利・磯田道史・鴨下信一他
小沢一郎　50の謎を解く　後藤謙次

財務官僚の出世と人事　岸　宣仁
ここがおかしい、外国人参政権　井上　薫
公共事業が日本を救う　藤井　聡
日本破滅論　藤井　聡・中野剛志
大阪都構想が日本を破壊する　藤井　聡
体制維新——大阪都　橋下　徹・堺屋太一
「維新」する覚悟　堺屋太一
地方維新vs.土着権力　八幡和郎
仮面の日米同盟　春名幹男
日米同盟vs.中国・北朝鮮　リチャード・L・アーミテージ・ジョセフ・S・ナイJr・春原　剛
「反米」日本の正体　冷泉彰彦
テレビは総理を殺したか　菊池正史
決断できない日本　ケビン・メア
自滅するアメリカ帝国　伊藤　貫
郵政崩壊とTPP　東谷　暁
原発敗戦　船橋洋一
21世紀　地政学入門　船橋洋一
日本に絶望している人のための政治入門　三浦瑠麗

21世紀の日本最強論　文藝春秋編
政治の修羅場　鈴木宗男
政治の眼力　御厨　貴
政治の急所　飯島　勲
特捜検察は誰を逮捕したいか　大島真生
情報機関を作る　吉野　準

◆アジアの国と歴史

韓国人の歴史観 黒田勝弘
中国人の歴史観 劉 傑
中国4・0 エドワード・ルトワック 奥山真司訳
「南京事件」の探究 北村 稔
百人斬り裁判から南京へ 稲田朋美
中国雑話 中国的思想 酒見賢一
旅順と南京 一ノ瀬俊也
若き世代に語る日中戦争 伊藤桂一 野田明美(聞き手)
新 脱亜論 渡辺利夫
中国共産党「天皇工作」秘録 城山英巳
外交官が見た「中国人の対日観」 道上尚史
中国の地下経済 富坂 聰
中国人一億人電脳調査 城山英巳
緊迫シミュレーション 日中もし戦わば マイケル・グリーン 張宇燕・春原 剛・富坂 聰
中国人民解放軍の内幕 富坂 聰
習近平の密約 加藤隆則 竹内誠一郎

現代中国悪女列伝 福島香織
中国停滞の核心 津上俊哉
日米中アジア開戦 陳 破空 山田智美訳
日中韓 歴史大論争 櫻井よしこ・田久保忠衛・古田博司 劉 江永・歩平・金 燦栄・趙甲濟・洪 熒
ソニーはなぜサムスンに抜かれたのか 菅野朋子
竹島は日韓どちらのものか 下條正男
在日・強制連行の神話 鄭 大均
東アジア「反日」トライアングル 古田博司
歴史の嘘を見破る 中嶋嶺雄編
〝日本離れ〟できない韓国 黒田勝弘
決定版 どうしても〝日本離れ〟できない韓国 黒田勝弘
韓国・北朝鮮の嘘を見破る 鄭 大均 古田博司編
韓国併合への道 完全版 呉 善花
侮日論 呉 善花
朴槿恵の真実 呉 善花
「従軍慰安婦」朝日新聞vs.文藝春秋 文藝春秋編
韓国「反日」の真相 澤田克己
金正日と金正恩の正体 李 相哲

女が動かす北朝鮮 五味洋治
北朝鮮秘録 牧野愛博
独裁者に原爆を売る男たち 会川晴之

◆日本の歴史

日本人の誇り　藤原正彦
皇位継承　高橋紘・所功
平成の天皇と皇室　高橋紘
美智子皇后と雅子妃　福田和也
皇太子と雅子妃の運命　文藝春秋編
昭和天皇と美智子妃 その危機に　加藤恭子・田島恭二監修
対論 昭和天皇　原武史・保阪正康
古墳とヤマト政権　白石太一郎
天皇陵の謎　矢澤高太郎
謎の大王 継体天皇　水谷千秋
謎の豪族 蘇我氏　水谷千秋
謎の渡来人 秦氏　水谷千秋
女帝と譲位の古代史　水谷千秋
継体天皇と朝鮮半島の謎　水谷千秋
四代の天皇と女性たち　小田部雄次
皇族と帝国陸海軍　浅見雅男
学習院　浅見雅男
天皇はなぜ万世一系なのか　本郷和人
「阿修羅像」の真実　長部日出雄
謎とき平清盛　本郷和人
藤原道長の権力と欲望　倉本一宏
戦国武将の遺言状　小澤富夫
信長の血統　山本博文
名字と日本人　武光誠
県民性の日本地図　武光誠
宗教の日本地図　武光誠
合戦の日本地図　武光誠・合戦研究会
大名の日本地図　中嶋繁雄
貧民の帝都　塩見鮮一郎
中世の貧民　塩見鮮一郎
江戸の貧民　塩見鮮一郎
戦後の貧民　塩見鮮一郎
旧制高校物語　秦郁彦
天下之記者　高島俊男
評伝 川島芳子　寺尾紗穂
伊勢詣と江戸の旅　金森敦子
日本文明77の鍵　梅棹忠夫編著
「悪所」の民俗誌　沖浦和光
甦る海上の道・日本と琉球　谷川健一
江戸城・大奥の秘密　安藤優一郎
幕末下級武士のリストラ戦記　安藤優一郎
旗本夫人が見た江戸のたそがれ　深沢秋男
徳川家が見た幕末維新　徳川宗英
日本のいちばん長い夏　半藤一利編
元老 西園寺公望　伊藤之雄
山県有朋　伊藤之雄
昭和陸海軍の失敗　半藤一利・秦郁彦・平間洋一・保阪正康・黒野耐・戸髙一成・戸部良一・福田和也
昭和の名将と愚将　半藤一利・保阪正康
あの戦争になぜ負けたのか　半藤一利・保阪正康・中西輝政・戸髙一成・福田和也・加藤陽子
日本軍はなぜ満洲大油田を発見できなかったのか　岩瀬昇
特攻とは何か　森史朗
昭和二十年の「文藝春秋」　文春新書編集部編

昭和天皇の履歴書　文春新書編集部編
零戦と戦艦大和　半藤一利・秦郁彦・前間孝則・鎌田伸一・戸髙一成・江畑謙介・兵頭二十八・福田和也・清水政彦
ハル・ノートを書いた男　須藤眞志
東京裁判を正しく読む　牛村圭・日暮吉延
東京裁判 フランス人判事の無罪論　大岡優一郎
対談 昭和史発掘　松本清張
父が子に教える昭和史　半藤一利・藤原正彦・中西輝政・柳田邦男・福田和也・保阪正康他
昭和の遺書　梯久美子
帝国陸軍の栄光と転落　別宮暖朗
帝国海軍の勝利と滅亡　別宮暖朗
指揮官の決断　早坂隆
松井石根と南京事件の真実　早坂隆
永田鉄山 昭和陸軍「運命の男」　早坂隆
硫黄島 栗林中将の最期　梯久美子
十七歳の硫黄島　秋草鶴次
評伝 若泉敬　森田吉彦
司馬遼太郎に日本人を学ぶ　森史朗
「坂の上の雲」100人の名言　東谷暁

徹底検証 日清・日露戦争　半藤一利・秦郁彦・原剛・松本健一・戸髙一成
よみがえる昭和天皇　辺見じゅん・保阪正康
日本型リーダーはなぜ失敗するのか　半藤一利
同時代も歴史である 一九七九年問題　坪内祐三
原発と原爆　有馬哲夫
児玉誉士夫 巨魁の昭和史　有馬哲夫
伊勢神宮と天皇の謎　武澤秀一
国境の日本史　武光誠
西郷隆盛の首を発見した男　大野敏明
「昭和天皇実録」の謎を解く　半藤一利・保阪正康・御厨貴・磯田道史
孫子が指揮する太平洋戦争　前原清隆
昭和史の論点　坂本多加雄・秦郁彦・半藤一利・保阪正康
二十世紀日本の戦争　阿川弘之・猪瀬直樹・中西輝政・秦郁彦・福田和也
大人のための昭和史入門　半藤一利・船橋洋一・出口治明・水野和夫・佐藤優・保阪正康他
日本人の歴史観　岡崎久彦・北岡伸一・坂本多加雄
新選組 粛清の組織論　菊地明

◆考えるヒント

日本人の知らない武士道　アレキサンダー・ベネット
勝負心　渡辺　明
迷わない。　櫻井よしこ
議論の作法　櫻井よしこ
男性論　ヤマザキマリ
四次元時計は狂わない　立花　隆
ニュースキャスター　大越健介
無名の人生　渡辺京二
坐ればわかる　星　覚
中国人とアメリカ人　遠藤　滋
脳・戦争・ナショナリズム　中野剛志・中野信子・適菜　収

◆教える・育てる

幼児教育と脳　澤口俊之
子どもが壊れる家　草薙厚子
食育のススメ　黒岩比佐子
明治人の作法　横山験也
こんな言葉で叱られたい　清武英利
著名人名づけ事典　矢島裕紀彦
人気講師が教える理系脳のつくり方　村上綾一
英語学習の極意　泉　幸男
語源でわかった！英単語記憶術　山並陞一
語源の音で聴きとる！英語リスニング　山並陞一
外交官の「うな重方式」英語勉強法　多賀敏行

◆サイエンス

もう牛を食べても安心か　福岡伸一
人類進化99の謎　河合信和
インフルエンザ21世紀　瀬名秀明 鈴木康夫監修
「大発見」の思考法　山中伸弥 益川敏英
原発安全革命　古川和男
ロボットが日本を救う　岸　宣仁
巨大地震 権威16人の警告　『日本の論点』編集部編
同性愛の謎　竹内久美子
太陽に何が起きているか　常田佐久
生命はどこから来たのか？　松井孝典
数学はなぜ生まれたのか？　柳谷　晃
嘘と絶望の生命科学　榎木英介
ねこの秘密　山根明弘
粘菌 偉大なる単細胞が人類を救う　中垣俊之
ティラノサウルスはすごい　土屋　健 小林快次監修
アンドロイドは人間になれるか　石黒　浩

（2016. 4）E　品切の節はご容赦下さい

文春新書好評既刊

公共事業が日本を救う
藤井 聡
ダムは本当に不要なのか。道路は充分に足りているのか。公共事業費は他国より割高なのか……。巷間伝わる誤認を専門家が徹底検証
779

列島強靭化論
日本復活5カ年計画
藤井 聡
被災した街の再建から財源の確保、内需拡大、さらには国土と経済の「強靭化」策まで。未曾有の国家的危機をどう乗り越えるべきか
809

日本破滅論
藤井 聡 中野剛志
グローバリズム、マスメディア、反・公共事業、アカデミズム、地方分権……。日本の没落をもたらした様々な「罠」を撫で斬りにする
871

「ドイツ帝国」が世界を破滅させる
日本人への警告
エマニュエル・トッド 堀 茂樹訳
ウクライナ問題の原因はロシアではない。冷戦崩壊とEU統合によるドイツ帝国の東方拡大だ。ドイツ帝国がアメリカ帝国と激突する
1024

新・戦争論
僕らのインテリジェンスの磨き方
池上 彰 佐藤 優
領土・民族・資源紛争、金融危機、テロ、感染症。これから確実にやってくる「サバイバルの時代」を生き抜くためのインテリジェンス
1000

文藝春秋刊